Liebe Schülerinnen, liebe Schüler!

Dieses Arbeitsheft will euch helfen, eure Leistungen in der Rechtschreibung zu verbessern. Wenn ihr mit Ausdauer regelmäßig übt, lernt ihr, wie die Wörter richtig geschrieben werden.

In diesem Arbeitsheft trainiert ihr abwechslungsreich Rechtschreibstrategien, die euch helfen, richtig zu schreiben.

Viele Wörter schreibt man lautgetreu, wie man sie spricht (Beispiel: Kinder).

Das sind **Mitsprechwörter.**

Andere Wörter schreibt ihr richtig, wenn ihr die Rechtschreibregeln anwenden könnt (Beispiel: Hand – Hände).

Das sind **Nachdenkwörter.**

Wenn ein Wort **nicht** so geschrieben wird, wie man es spricht, und wenn auch keine Rechtschreibregel angewendet werden kann, dann müsst ihr euch die Schreibweise merken (Beispiel: Boot).

Das sind **Merkwörter.**

Die Zeichen für die drei Wortgruppen sind im Arbeitsheft den einzelnen Aufgaben zugeordnet.

Die Arbeitshinweise geben euch genau an, wie ihr die einzelnen Aufgaben lösen könnt. Verwendet ein Lineal, wenn ihr etwas unterstreichen sollt.

Trolli – der Spaßmacher – begleitet euch durch das Arbeitsheft und gibt euch wertvolle Tipps.

Eure Arbeitsergebnisse könnt ihr selbstständig überprüfen:

- Die Rechtschreibung eines Wortes schlagt ihr im Wörterbuch nach.
- Für viele Übungsaufgaben findet ihr ab Seite 78 Lösungen.

Das Symbol für Partnerarbeit und Gruppenarbeit weist euch auf die Möglichkeit hin, mit einem Partner oder in der Gruppe zusammenzuarbeiten.

Z Das Symbol für eine zusätzliche Arbeitsaufgabe gibt den schneller arbeitenden Schülerinnen und Schülern den Hinweis auf eine zusätzliche Arbeitsmöglichkeit.

Das Symbol mit dem Heft sagt euch, dass ihr eine Aufgabe im Heft oder am Computer bearbeiten sollt.

Zu jeder Lerneinheit im Arbeitsheft findet ihr im Beiheft drei verschieden schwere Texte, mit denen ihr euren Lernstand überprüfen könnt.

- Wählt selbst einen Text zum Schreiben aus.
- Lasst euch den Text von einem Partner diktieren.
- Anschließend vergleicht ihr euren geschriebenen Text mit der Vorlage und berichtigt die Fehler.

Nun viel Spaß und guten Erfolg beim Lernen wünscht euch

Ute Wetter

Herbstbeginn

Der Herbst streut weiße Nebel aus,
es kann nicht immer Sommer sein!
Der Abend lockt mit Lampenschein
mich aus der Kühle früh ins Haus.

Bald stehen Baum und Garten leer,
dann glüht nur noch der wilde Wein
ums Haus, und bald verglüht auch der,
es kann nicht immer Sommer sein.

Hermann Hesse

1. Lest das Gedicht und sprecht darüber. Was schreibt der Dichter zum Herbst?

2. Unterstreiche die Nomen (Namenwörter) in dem Gedicht und ordne sie alphabetisch.

____

____

3.  Ordnet die Wörter in dem Kasten nach dem Alphabet.
Überlegt gemeinsam, wie man beim Ordnen vorgehen kann.
Kontrolliert mit dem Wörterbuch, ob ihr richtig geordnet habt.

Bluse	Blitz	Bohne	Butter	Burg
Boot	Blatt	Bruder	Berg	Biene
Beruf	Buch	~~Beere~~	Beutel	Bett

Beere,

____

____

Merke!

Wenn Wörter mit dem **gleichen** Buchstaben beginnen, musst du dich beim Ordnen nach dem **nächsten unterschiedlichen** Buchstaben richten.
Beispiel: Hand, Haus, Hut

Lösungen Seite 78

Merke!

Nomen (Namenwörter) stehen im Wörterbuch als **Hauptstichwort** im Singular (Einzahl). Der Plural (Mehrzahl) steht dahinter. Du musst also den **Singular** (Einzahl) suchen, wenn du den **Plural** (Mehrzahl) finden willst.

1. Suche die folgenden Wörter im Wörterbuch. Schreibe den Plural (Mehrzahl) daneben und notiere die Seitenzahlen, auf denen du die Wörter gefunden hast.

Singular	Plural	Seite
die Höhe	die Höhen	
die Höhle		
das Holz		
der Horizont		
das Horn		
die Hornisse		
die Hortensie		
die Hose		

Singular	Plural	Seite
das Hotel		
der Huf		
die Hüfte		
der Hügel		
das Huhn		
die Hülle		
die Hummel		
der Hund		

2. Schlage die folgenden Wörter im Wörterbuch nach. Notiere die Worterklärung und schreibe die Seitenzahl in das Kästchen. Für jedes Wort reicht jeweils eine Erklärung.

Heck hinterer Teil eines Fahrzeuges ______ [ ]

Hektik ______ [ ]

Helikopter ______ [ ]

Hit ______ [ ]

Holunder ______ [ ]

Horror ______ [ ]

Merke!

Zu vielen Wörtern findest du im Wörterbuch eine Worterklärung.

Lösungen Seite 78

Merke!

Die meisten zusammengesetzten Wörter kannst du unter dem **Hauptstichwort** finden.
Beispiel: „Faultier" findest du unter „faul".

1. Suche die Hauptstichwörter, unter denen die zusammengesetzten Wörter im Wörterbuch zu finden sind. Schreibe sie auf und notiere die Seitenzahl.

zusammengesetztes Wort	Hauptstichwort	Seite
Fertighaus	fertig	
Fechtkampf		
Fehlpass		
Feldblume		
Feiertag		
Höhepunkt		

zusammengesetztes Wort	Hauptstichwort	Seite
Haarfarbe		
Handball		
Heidekraut		
Heuernte		
Hufeisen		
Hügelland		

Merke!

Viele zusammengesetzte Wörter findest du im Wörterbuch **nicht** unter einem **Hauptstichwort**. Diese Wörter musst du dann **zerlegen** und einzeln im Wörterbuch nachschlagen.
Beispiel: „Fingerknochen" besteht aus den Wörtern „Finger" und „Knochen". Wenn du deine Rechtschreibung überprüfen willst, musst du beide Wörter im Wörterbuch nachschlagen.

2. Prüft, ob ihr die folgenden Wörter im Wörterbuch unter einem Hauptstichwort findet oder ob ihr sie zerlegen müsst. Unterstreicht die Wörter, die ihr zerlegen müsst. Schlagt im Wörterbuch nach.

Bettgestell	Milchzähne	Knopfloch	Klavierhocker
Hagelkorn	Arztpraxis	Lederschuh	Lockenkopf
Kniescheibe	Blattlaus	Plätzchendose	Strohhalm
Kunstwerk	Handbremse	Fensterbrett	Besenstiel

3. Sucht bei den unterstrichenen Wörtern von Aufgabe 2 das erste Wort und das zweite Wort im Wörterbuch. Schreibt die Wörter und die Seitenzahlen auf. Einer sucht das erste Wort, der andere das zweite Wort.
Beispiel: Bettgestell → Bett (Seite …) → Gestell (Seite …)

Lösungen Seite 78

Merke!

Wenn du die **Personalform** eines Verbs (Tunwortes) im Wörterbuch nachschlagen willst, musst du nach dem Infinitiv (Grundform) des Verbs (Tunwortes) suchen. Nur der **Infinitiv** (Grundform) eines Verbs (Tunwortes) ist als Hauptstichwort im Wörterbuch aufgeführt.

1. Wie heißt der Infinitiv (Grundform) der folgenden Wörter? Schreibe auf und kontrolliere mit dem Wörterbuch. Notiere die Seitenzahl.

Personalform	Infinitiv	Seite
er hofft	hoffen	
sie holt		
es holpert		
er hopst		
er hoppelt		
du meinst		

Personalform	Infinitiv	Seite
du horchst		
ich höre		
du hortest		
er humpelt		
sie verfolgt		
er mixt		

Merke!

Manche Verben stehen **nicht** als Hauptstichwort im Wörterbuch. Du findest sie dann unter einem **verwandten Wort**. Das kann ein **Nomen** (Namenwort) oder auch ein **Adjektiv** (Wiewort) sein.
Beispiel: **Das Verb (Tunwort) „fausten" findest du unter dem Hauptstichwort „Faust".**

2. Unter welchen Hauptstichwörtern findest du die folgenden Verben (Tunwörter)? Schlage im Wörterbuch nach und notiere die Seitenzahlen.

Verb	Hauptstichwort	Seite
erhöhen	die Höhe	
aushöhlen		
verhöhnen		
abholzen		
hopsen		
hocken		

Verb	Hauptstichwort	Seite
anhören		
horten		
verhüllen		
hungern		
hexen		
herrschen		

 Lösungen Seite 78

Merke!

Die Personalformen der unregelmäßigen Verben (Tunwörter) findest du im Wörterbuch unter dem Infinitiv (Grundform).

1. Schlage die Verben (Tunwörter) **fahren**, **lesen** und **werfen** im Wörterbuch nach und schreibe die Personalformen im Präsens (Gegenwart) dazu. Notiere auch die Seitenzahlen, auf denen du die Verben (Tunwörter) gefunden hast.

fahren	Seite	lesen	Seite	werfen	Seite
Singular		**Singular**		**Singular**	
ich		ich		ich	
du		du		du	
er		er		er	
sie		sie		sie	
es		es		es	
Plural		**Plural**		**Plural**	
wir		wir		wir	
ihr		ihr		ihr	
sie		sie		sie	

2. Z Bilde mit jedem Verb (Tunwort) von Aufgabe 1 einen Satz.

3. Schlagt abwechselnd die folgenden Verben (Tunwörter) im Wörterbuch nach: **essen, fallen, brechen, treten, können, wachsen.**
Zeichnet eine Tabelle und schreibt die Personalformen wie bei Aufgabe 1 im Präsens (Gegenwart) auf. Notiert auch die Seitenzahlen, auf denen ihr die Verben (Tunwörter) gefunden habt.

Lösungen Seite 79

1. Suche die folgenden Verben (Tunwörter) im Wörterbuch.
Notiere die Seitenzahlen.
Trage die Personalformen in die Tabelle ein.

Infinitiv	Seite	Präsens	Präteritum
geben		er gibt	er gab
graben		sie	sie
helfen		er	er
laufen		es	es
nehmen		sie	sie
raten		er	er
schlafen		er	er
schlagen		sie	sie

2. Schreibe den Infinitiv (Grundform) zu den Personalformen.
Kontrolliere mit dem Wörterbuch und notiere die Seiten, auf denen du die Infinitivformen gefunden hast.

Personalform	Infinitiv	Seite	Personalform	Infinitiv	Seite
du bläst	blasen		du vergisst		
er schmilzt			sie wäscht		
sie sieht			ich weiß		
du sprichst			sie misst		
sie sticht			er lässt		
er stiehlt			er hat		
er trägt			ich muss		
du triffst			du hältst		

3.  Bildet abwechselnd mit zehn Wörtern von Aufgabe 2 Sätze.

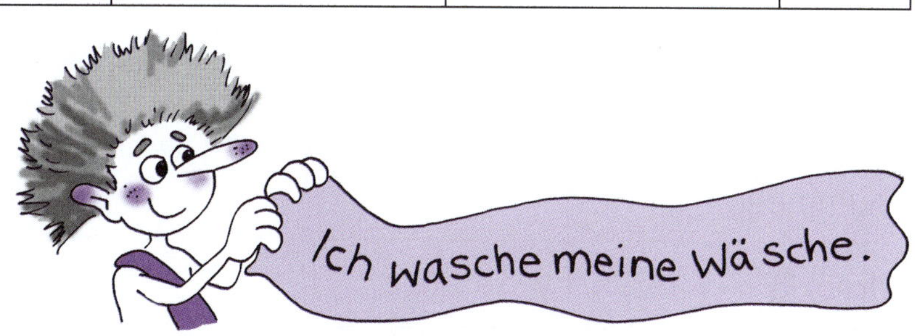

Lösungen Seite 79

Merke!

Die meisten **Adjektive** (Wiewörter) findest du als Hauptstichwort im Wörterbuch.

1. Suche im Wörterbuch die folgenden Adjektive (Wiewörter). Notiere die Seitenzahlen, auf denen du die Wörter gefunden hast. Schreibe eine Worterklärung und ein verwandtes Wort.

Adjektiv	Seite	Worterklärung	Verwandtes Wort
nett		freundlich	Nettigkeit
dunkel			
oval			
prall			
eitel			
elegant			
elend			
redlich			
reich			

Merke!

Adjektive (Wiewörter) können auch unter dem Hauptstichwort eines **verwandten** Wortes zu finden sein.

2. Suche die Hauptstichwörter, unter denen die Adjektive (Wiewörter) im Wörterbuch zu finden sind. Schreibe sie auf und notiere die Seitenzahl. Schreibe auch ein verwandtes Wort dazu.

Adjektiv	Hauptstichwort	Seite	Verwandtes Wort
wählbar	Wahl		Wähler
kleidsam			
geizig			
freudig			
bummelig			
dreckig			

Merke!

Adjektive (Wiewörter) stehen im Wörterbuch in der **Grundstufe**. Zu vielen Adjektiven (Wiewörtern) findest du auch die Steigerungsstufen. Sie heißen **Komparativ** (Höherstufe) und **Superlativ** (Höchststufe). Wenn die beiden Steigerungsstufen im Wörterbuch nicht aufgeführt sind, wird das Adjektiv (Wiewort) auf normale Weise gesteigert, d. h. im Komparativ (Höherstufe) wird **-er** und im Superlativ (Höchststufe) wird **-sten** an die Grundstufe angehängt.
Beispiel: still – stiller – am stillsten
Es gibt aber auch Adjektive (Wiewörter), die anders gesteigert werden. Man nennt sie **unregelmäßige Adjektive** (Wiewörter).
Beispiel: gut – besser – am besten

1. Suche im Wörterbuch die folgenden Adjektive (Wiewörter). Notiere die Seitenzahlen, auf denen du die Wörter gefunden hast. Schreibe den Komparativ (Höherstufe) und Superlativ (Höchststufe) dazu.

Grundstufe des Adjektivs	Seite	Komparativ	Superlativ
scharf		schärfer	am schärfsten
dick			
hoch			
gut			
klein			
klug			

2. Lass dir von einem Partner die fehlenden Wörter diktieren. Sie stehen im Text auf Seite 4. Kontrolliert gegenseitig eure Rechtschreibung und berichtigt eure Fehler.

Herbstbeginn

Der ____________ streut weiße ____________ aus,

es kann nicht immer ____________ sein!

Der ____________ lockt mit ____________________

mich aus der ____________ früh ins ____________ .

Bald stehen ____________ und ____________ leer,

dann glüht nur noch der wilde ____________

ums ____________ , und bald verglüht auch der,

es kann nicht immer ____________ sein.

Lösungen Seite 79

Das Haus

Das erste Haus war eine Höhle,
das zweite war vielleicht ein Zelt.
So gibt es mancherlei Behausung,
wo Menschen sind auf dieser Welt.

Wie viele haben keine Ahnung,
was alles mitlebt in dem Haus:
die Spinne und die Kellerassel,
der Holzwurm und die Fledermaus.

Wenn Mensch und Tier das Haus nicht hätten,
es wäre furchtbar, wie sie frören!
Sie hätten weder Herd noch Betten.
Drum soll man Häuser nicht zerstören.

Eva Rechlin

1. Lest das Gedicht und sprecht darüber. Was wird über das Wohnen gesagt?
2. Das Gedicht enthält drei Wörter aus der Wortfamilie **Haus**. Schreibe sie auf.

---

3. Welche Häuser kennt ihr? Schreibt sie auf. **Beispiel: Rathaus**
4. In der Wortsammlung findest du viele Wörter aus der Wortfamilie **Haus**. Kreise sie ein und schreibe sie auf. Unterstreiche den Wortstamm in den Wörtern.

der Wohnort	das Haus	der Wohnwagen	er wohnt	haushoch	hausen
die Häuser	wohnen	hausnah	der Wohnsitz	häuslich	der Hausmeister
die Hausnummer	das Wohnmobil	der Hausbau	wohnhaft	der Einwohner	
die Wohnung	die Häuserzeile	haushalten	die Dachwohnung	die Behausung	
das Wohnzimmer	der Hausschuh	die Wohngemeinschaft	er haust	bewohnen	

5. Die Wortsammlung enthält noch eine zweite Wortfamilie. Wie heißt sie? Schreibt die Wörter dieser Wortfamilie auf und unterstreicht den Wortstamm.
6. Suche im Wörterbuch noch weitere Wörter zu dieser Wortfamilie und unterstreiche den Wortstamm.

Merke!
Wörter mit dem gleichen Wortstamm bilden eine Wortfamilie.
Beispiel: das Spiel – spielen – spielerisch – das Spielfeld

Merke!

Eine **Wortfamilie** kann aus verschiedenen Wortarten bestehen: Nomen (Namenwort), Verb (Tunwort), Adjektiv (Wiewort).

1. Ordne die Wörter der Wortfamilien nach Wortarten.

Wortfamilie **Salz**	Wortfamilie **fahren**	Wortfamilie **schlafen**
salzen	**fahr**bereit	das **Schlaf**zimmer
salzig	der **Fahr**er	**schlaf**los
der **Salz**streuer	**fahr**lässig	**schlaf**trunken
salzhaltig	das **Fahr**rad	ein**schlaf**en
salzlos	an**fahr**en	**schläf**rig
die **Salz**gurke	weg**fahr**en	aus**schlaf**en
ver**salz**en	be**fahr**bar	der **Schlaf**wagen

Wortfamilie Salz
Nomen: ______________________
Verben: ______________________
Adjektive: ______________________

Wortfamilie fahren
Nomen: ______________________
Verben: ______________________
Adjektive: ______________________

Wortfamilie schlafen
Nomen: ______________________
Verben: ______________________
Adjektive: ______________________

2. Schreibe die folgenden Wörter in die passenden Satzlücken: **Kellerassel, Holzwurm, Haus, Häuser, hausten, hausen, Behausungen, Spinne, Fledermaus, häuslich**.

Zur Steinzeit ____________ die Menschen in Höhlen. Später lebten die Menschen in verschiedenen ________________. Heute __________ manche Völker in Zelten. Andere Menschen richteten sich ____________ in Steinhäusern ein. Die ______________ und die ______________, der ________________ und die ________________ leben mit in dem ________. Darum soll man __________ nicht zerstören.

3. Suche die Wörter heraus, in denen du Rechtschreibschwierigkeiten siehst. Kreise die Stelle rot ein.

Reimwettstreit

Nach der Schule gehen Leon und Paula gemeinsam nach Hause. Sie unterhalten sich über die letzte Schulstunde, in der ihre Lehrerin sie aufgefordert hatte, sich Reime auszudenken. Leon sieht eine Biene. Da fällt ihm ein Reim ein. Er sagt: „Bienen summen, Bären brummen.“ „Jetzt du, Paula“, meint Leon. Paula fügt hinzu: „Hühner scharren, Schlangen starren.“ Leon dichtet weiter: „Störche klappern, Papageien plappern.“ „Enten schnattern, Vögel flattern“, fällt Paula ein. Sie sagt: „Ich weiß noch mehr. Tauben gurren, Katzen schnurren.“ Leon ergänzt: „Fische schwimmen, Glühwürmchen glimmen.“

1. Lies den Text aufmerksam. Welche Aufgabe hat die Lehrerin gestellt?
2. Unterstreiche im Text die Reimwörter. Was fällt dir auf?
3. Sprich die Reimwörter deutlich und zerlege sie in Sprechsilben.

sum – men, ______________________________

____

____

____

4. Schreibe die Reimwörter aus dem Text im Singular (Einzahl).
Beispiel: **Eine Biene summt. Ein Bär brummt.**

5. Z Schreibt eigene Sätze, in denen die folgenden Wörter mit doppeltem Konsonanten (Mitlaut) vorkommen: **Affe, Teppich, hell, Zimmer, voll, Koffer, Mutter**.

Merke!

Nach einem kurzen, betonten Vokal (Selbstlaut) folgen fast immer zwei Konsonanten (Mitlaute).
Beispiel: Hand, wandern, kurz

Hörst du nach einem kurzen, betonten Vokal (Selbstlaut) nur einen Konsonanten (Mitlaut), so muss dieser verdoppelt werden.
Beispiel: kommen, Himmel, Sommer

Wenn du die Wörter in Silben zerlegst, kannst du die Konsonanten (Mitlaute) nach dem kurzen Vokal (Selbstlaut) hören (Silbenprobe).

Lösungen Seite 79

1. Verbinde die Nomen (Namenwörter) mit einem passenden Verb (Tunwort).

Türen	surren	Löwen	knattern
Affen	knarren	Hasen	bellen
Schmetterlinge	klettern	Motoren	brüllen
Hunde	flattern	Hummeln	hoppeln
Räder	schnuppern	Hunde	summen

2. Schreibe die Sätze von Aufgabe 1 im Präsens (Gegenwart) und im Perfekt (2. Vergangenheit). **Beispiel: Die Räder surren. Die Räder haben gesurrt.**

3. Ergänze die Tabelle. Kontrolliere mit dem Wörterbuch.

Infinitiv	Präsens	Präteritum	Perfekt
gurren	sie gurrt	sie gurrte	sie hat gegurrt
	er schnuppert		
			er ist geklettert
		er flatterte	
			sie hat geschnattert
	sie scharrt		
	er bellt		
			er hat gebrüllt
		er hoppelte	
	sie summt		

Merke!

Der doppelte Konsonant (Mitlaut) bleibt in der Personalform erhalten.

Lösungen Seite 80

Merke!

Man nennt den Vokal (Selbstlaut) mit nachfolgendem Doppelkonsonanten (Doppelmitlaut) eine **Signalgruppe**.
Beispiel: -ett, -ipp, -amm, -upp, -att, -umm, -app, -itt, -ess, -üss, -ass, -all

1. Bildet mithilfe der Wortstämme und Endungen verschiedene Wörter.
Schreibt so: die Kletten, die Klette

Wortstamm	Endung	Wortstamm	Endung	Wortstamm	Endung
Signalgruppe -ett		**Signalgruppe -ipp**		**Signalgruppe -amm**	
die **Klett**	-en	die **Ripp**	-e	die **Kamm**	-er
wett		die **Lipp**		die Kl**amm**	
rett	-e	die **Wipp**	-en	der **Hamm**	-el
der **Rett**		**wipp**		die Fl**amm**	
das **Wett**	-er	**tipp**		der **Jamm**	-e
die **Kett**		die **Klipp**		die Schr**amm**	
Signalgruppe -upp		**Signalgruppe -att**		**Signalgruppe -umm**	
die **Pupp**	-e	der Sch**att**	-e	der **Kumm**	-el
die **Supp**		die **Watt**		der Schl**umm**	
die **Kupp**	-el	die **Latt**	-en	die **Humm**	-en
der Sch**upp**	-en	die **Matt**		der Br**umm**	
die Tr**upp**		die **Ratt**		br**umm**	-er
schn**upp**	-ern	die Pl**att**		**summ**	
Signalgruppe -app		**Signalgruppe -itt**		**Signalgruppe -ess**	
die Kl**app**	-e	das **Gitt**	-e	das **Mess**	-e
die **Papp**		der **Ritt**		der **Kess**	
der **Lapp**	-el	der **Kitt**	-el	die **Fess**	-el
die **Mapp**		die **Mitt**		der **Sess**	-en
das **Wapp**	-en	die **Bitt**	-er	die Pr**ess**	
der Schl**app**		der Spl**itt**		**mess**	-er
Signalgruppe -üss		**Signalgruppe -ass**		**Signalgruppe -all**	
die Sch**üss**	-el	das **Wass**	-e	die Kr**all**	-e
der Schl**üss**		die **Mass**		die Schn**all**	
der **Rüss**	-en	die Kl**ass**	-el	die **Fall**	-en
Br**üss**		die **Kass**	-en	kn**all**	
müss		die **Rass**		**fall**	
küss		**fass**	-er	sch**all**	

2. Schreibe aus jeder Signalgruppe drei Wörter in Sprechsilben. **Beispiel:** Klet – ten

3. Sucht im Wörterbuch weitere Wörter zu den einzelnen Signalgruppen.

Lösungen Seite 80

1. Suche zu den folgenden Wörtern aus den Wortgruppen der vorigen Seite jeweils zwei passende Reimwörter.

Wette	**Kammer**	**Watte**	**Klappe**
Kette	___	___	___
Klette	___	___	___

Kessel	**Klasse**	**Rippe**	**Truppe**
___	___	___	___
___	___	___	___

2. Suche zu den Wörtern jeweils zwei passende Reimwörter.

Wanne	**Grille**	**Wonne**	**Finne**
T ___	Br ___	T ___	Sp ___
Pf ___	St ___	S ___	R ___

Lappen	**Futter**	**Retter**	**Kummer**
W ___	B ___	W ___	N ___
Schl ___	M ___	V ___	S ___

Affe	**Gitarre**	**Hummel**	**Scholle**
Gir ___	Zig ___	B ___	W ___
W ___	K ___	R ___	R ___

3. Schreibe die Reimwörter aus Aufgabe 2 in Sprechsilben.
Beispiel: Tan – ne

4. Schreibe zu zehn Nomen (Namenwörtern) aus Aufgabe 2 den Plural (Mehrzahl) auf.
Beispiel: Tanne – die Tannen

Merke!

Fast alle Konsonanten (Mitlaute) können als **Konsonantenverdopplung** vorkommen, wenn der vorangehende Vokal (Selbstlaut) kurz gesprochen wird.
Das sind: bb – dd – ff – gg – ll – mm – nn – pp – rr – ss – tt.
Beispiel: die Krabbe, die Kladde, der Koffer, der Bagger, die Rolle, der Sommer, die Kanne, die Puppe, die Sperre, das Messer, die Ratte

1. Vergleicht die Wörter in den drei Spalten. Was fällt euch auf? Sprecht darüber.

2. Verbinde die Wörter einer Wortfamilie miteinander.

Verb	Nomen	Zusammengesetztes Nomen
rollen	die Wippe	die Klemmleiste
sperren	die Klemme	die Rolltreppe
spinnen	die Sperre	der Wippschalter
klemmen	die Rolle	die Spinnwebe
sonnen	die Spinne	der Sonntag
wippen	die Sonne	das Sperrgitter
steppen	der Treffer	die Stellwand
stellen	der Brenner	die Steppnaht
klappen	die Stelle	der Treffpunkt
brennen	die Steppe	das Schwimmbecken
schwimmen	die Klappe	der Brennofen
treffen	der Schwimmer	der Klappstuhl

3. Schreibe die Wörter einer Wortfamilie nebeneinander und unterstreiche den Wortstamm.
Beispiel: rollen – die Rolle – die Rolltreppe

4. Sucht im Wörterbuch viele Wörter zur Wortfamilie **fallen**.

Merke!
In einer Wortfamilie haben alle Wörter den gleichen **Wortstamm**. Der doppelte Konsonant (Mitlaut) im Wortstamm bleibt auch in den zusammengesetzten Wörtern erhalten.

 Lösungen Seite 80

1. Bilde zusammengesetzte Nomen (Namenwörter). Vergiss den Artikel (Begleiter) nicht. Achte auf den doppelten Konsonanten (Mitlaut).

sperren + das Schild = das Sperrschild

rollen + die Treppe = ______________________

schwimmen + die Flosse = ______________________

steppen + die Decke = ______________________

treffen + der Punkt = ______________________

knallen + der Frosch = ______________________

kippen + der Schalter = ______________________

spinnen + das Rad = ______________________

Merke! Wenn du die Wörter verlängerst, kannst du die beiden Konsonanten (Mitlaute) hören.
Beispiel: brennt – brennen, Schiff – Schiffe, nett – netter

S	Z	G	N	B	A	L	L	C	S	Z
R	A	O	C	C	U	H	B	H	T	B
K	J	K	H	Y	Z	K	H	S	A	E
N	E	A	E	F	S	Q	K	T	M	T
I	K	M	S	L	C	L	Q	A	M	T
F	F	M	E	U	H	P	C	L	L	L
F	X	G	U	S	I	J	H	L	A	X
F	Q	Q	L	S	F	C	O	S	M	X
A	V	A	O	X	F	L	R	N	M	N
S	M	J	K	H	B	L	A	T	T	B
S	G	Z	B	K	S	T	O	F	F	J

2. In diesem Wortsuchrätsel sind waagerecht und senkrecht 12 Wörter versteckt. Kreise sie ein.

3. Schreibe die Wörter neben die Worterklärung.

Möbelstück zum Schlafen: ______________________

Kind eines Schafes: ______________________

fließendes Gewässer: ______________________

Gerät zum Kämmen: ______________________

Teil des Baumes, an dem die Äste wachsen: ______________________

Haus für Tiere: ______________________

Sportgerät: ______________________

Trick: ______________________

ein Kleid besteht aus: ______________________

Regenwasser sammelt sich in einem: ______________________

ein dünnes Papier ist ein: ______________________

auf dem Rhein schwimmt ein: ______________________

4. Bilde den Plural (Mehrzahl) zu den Wörtern von Aufgabe 2 und zerlege sie in Silben.
Beispiel: das Bett – die Betten

 Lösungen Seite 80

1. Verlängere die Wörter in der Tabelle, indem du den Plural (Mehrzahl) bildest oder ein verwandtes Verb (Tunwort) oder Adjektiv (Wiewort) suchst.

Singular	Plural	Seite	Singular	Adjektiv oder Verb	Seite
der Griff	die Griffe		der Schlamm	schlammig	
der Schwamm			der Schall		
der Damm			der Knall		
das Brett			der Fall		
die Nuss			der Spott		
der Schritt			das Fett		
der Pfiff			der Kamm		
der Stall			der Tipp		
der Schnitt			der Stamm		
das Fass			der Kuss		

2. Sucht die Wörter aus Aufgabe 1 in eurem Wörterbuch. Notiert die Seitenzahl in der Tabelle.

3. Schreibe mit zehn Wörtern von Aufgabe 1 Sätze.

4. Lass dir von einem Partner die fehlenden Wörter diktieren. Sie stehen im Text auf Seite 14. Kontrolliert gegenseitig eure Rechtschreibung und berichtigt eure Fehler.

Reimwettbewerb

Die ______________ fordert die Schülerinnen und Schüler auf, sich ____________ auszudenken. Leon sieht eine ___________. Da _________ ihm ein Reim ein. Er sagt: „Bienen _____________, Bären _______________." Paula fügt hinzu: „Hühner _____________, Schlangen _____________." Leon dichtet weiter: „Störche _______________", Papageien _______________. „Enten _______________, Vögel _______________", ____________ Paula ein. Sie sagt: „Ich weiß noch mehr. Tauben _____________, Katzen ________________." Leon ergänzt: „Fische __________________, Glühwürmchen __________________."

Ferienreise in die Berge

Nach den Sommerferien schreibt Laura einen Aufsatz von ihrer Ferienreise in die Berge. Sie war mit ihren Eltern, ihrem Bruder Lorenz und ihren Großeltern in einem Familienabteil der Bahn angereist.
Mutter hatte für die Familie Platzkarten in dem Zug besorgt. Ihre sechsköpfige Familie konnte sich auf bequemen Sitzen im Abteil niederlassen.
Kurz vor dem Urlaubsziel Berchtesgaden stieg eine Gruppe Bergsteiger in den Zug. Opa erkannte diese Gruppe an ihren Seilen und spitzen Eispickeln, die sie auf ihrem Rücken trugen. Er erzählte: „Direkt vom Königssee steigt der Watzmann mit seinen zwei Spitzen 2713 m in die Höhe.“ Er vermutete: „Die Bergsteiger werden wohl den Watzmann besteigen.“
Als die Familie in Berchtesgaden ankam, wurde sie von ihrer Pensionswirtin abgeholt. Sie zeigte ihren Gästen die Zimmer. Laura und Lorenz konnten vom Balkon ihres Zimmers aus das Kreuz auf dem Gipfel des Watzmanns sehen.
Die Wirtin erklärte: „Von hier aus könnt ihr schöne Wanderungen unternehmen. Wenn ihr nach Hause kommt, zieht eure schmutzigen Bergschuhe bitte aus. Ich werde sie dann putzen.“ Vater bedankte sich bei der freundlichen Wirtin.

1. Lest den Text. Habt ihr schon einmal eine Bergwanderung unternommen? Erzählt.

2. Unterstreiche im Text alle Wörter mit **tz**.

3. Schreibe diese Wörter auf. Ordne sie nach Wortarten.

Nomen: ______________________________

Verben: ______________________________

Adjektive: ______________________________

4. Schreibe zu den folgenden Wörtern Wortfamilien: **Platz, putzen, Schmutz, Sitz, spitz.**
Schau im Wörterbuch nach.

Merke!

Nach einem kurz gesprochenen Vokal (Selbstlaut) steht tz, nicht zz.
Nur in Fremdwörtern schreibt man zz.
Beispiel: Skizze, Pizza
In verwandten Wörtern bleibt das tz erhalten.

Merke!

Folgt nach einem kurz gesprochenen Vokal (Selbstlaut) ein Konsonant (Mitlaut), schreiben wir nur **z**. **Beispiel:** die Warze
Ebenso steht nach einem Doppellaut (ei, eu, au, äu, ie) nur **z**.
Beispiel: der Weizen, das Kreuz, der Kauz.

1. Ordne die folgenden Wörter in die Tabelle ein.

der Tanz, das Herz, schwarz, der Kauz, der Scherz, der Weizen, das Kreuz, das Salz, der Stolz, heizen, die Kerze, das Holz, der Glanz, der Prinz, die Walze, die Pflanze

z nach l	z nach n	z nach r	z nach einem Doppellaut

2. Schreibe folgende Verben (Tunwörter) in der dritten Person Singular (Einzahl):
sitzen, putzen, heizen, pflanzen, salzen, blitzen, glänzen, setzen.
Beispiel: schwitzen – sie schwitzt

3. Lasst euch von einem Partner die fehlenden Wörter diktieren. Sie stehen im Text auf Seite 21. Kontrolliert gegenseitig eure Rechtschreibung und berichtigt eure Fehler.

Ferienreise zum Königssee

Nach den ____________ schrieb Laura einen ____________ von ihrer Ferienreise. ____________ vor unserem Urlaubsziel stieg eine ____________ Bergsteiger in den Zug. Opa erkannte die Gruppe an ihren ____________ und ____________, die sie auf ihrem ____________ trugen. Er vermutete: „Die ____________ werden wohl den ____________ besteigen.“ In Berchtesgaden holte die ____________ uns vom Bahnhof ab. Die Wirtin erklärte: „Wenn ihr nach Hause ____________, zieht bitte eure ____________ Bergschuhe aus. Ich werde sie dann ____________.“

Lösungen Seite 80/81

Morgens früh um sieben

Morgens um sieben Uhr klingelt der Wecker. Sina zuckt zusammen und zieht noch einmal die Decke über den Kopf.
Andi ist schon im Bad und trocknet seine Haare.
In der Küche deckt Mutter den Tisch für das Frühstück.
Vater holt frische Brötchen vom Bäcker.
Als die Mutter ihre Tochter wecken will, hockt Sina bereits auf der Bettkante und blickt ihre Mutter fröhlich an, während sie sich ihren Rock anzieht. Laut ruft sie ins Bad:
„Andi, sprich mir mal diesen Zungenbrecher nach:
Kleine Nussknacker knacken knackig.
Knackiger knacken große Nussknacker."
„Oh, das ist schwierig", ruft Andi. Zum Glück fällt ihm beim Frühstück ein anderer Zungenbrecher ein.

1. Lies den Text. Kennst du auch einen Zungenbrecher? Trage ihn der Klasse vor.
2. Sammelt Zungenbrecher und schreibt sie auf.
3. Unterstreiche im Text die Wörter mit **ck**.
4. Schreibe die folgenden Verben (Tunwörter) in der 3. Person Singular (Einzahl).
   Beispiel: **schmecken – es schmeckt**

wecken	backen	zucken	strecken	hocken	schicken
blicken	pflücken	stricken	hacken	lecken	knacken

5. Trenne die folgenden Wörter in Silben: **Wecker, Bäcker, Trecker, Glocke, Schnecke, Rücken, Fackel, Dackel, Decke, Nacken, Brücke, Zucker, Locke, Deckel, Lücke, Sockel, Krücke**.

We – cker,

Merke!

Bei Wörtern mit einem kurz gesprochenen Vokal (Selbstlaut) steht **ck** und nicht **kk**.
Es gibt nur sehr wenige Wörter, die mit **kk** geschrieben werden. **Beispiel:** Mekka
Wenn man ein Wort mit **ck** trennen will, wird **ck** auf die nächste Zeile geschrieben.
Beispiel: pa - cken

Lösungen Seite 81

1. Ordne die folgenden Wörter in die Tabelle ein.

die Wolke, das Werk, der Korken, melken, die Nelke, der Park, stark, der Schinken, die Gurke, der Kalk, das Volk, welken, winken, die Bank, schlank, der Schrank, die Stärke, merken, der Balken, danken, das Geschenk

k nach l	k nach n	k nach r

2. Bringe die Sätze in die richtige Reihenfolge.
Nummeriere sie.

Am Morgen

- ☐ Morgens um sieben klingelt der Wecker.
- ☐ Laut ruft sie ins Bad:
- ☐ Sina zuckt zusammen und zieht noch einmal die Decke über den Kopf.
- ☐ Zum Glück fällt Andi beim Frühstück ein anderer Zungenbrecher ein.
- ☐ In der Küche deckt Mutter den Tisch für das Frühstück.
- ☐ „Andi, sprich mir mal diesen Zungenbrecher nach:
- ☐ Als die Mutter ihre Tochter wecken will, hockt Sina bereits auf der Bettkante und blickt ihre Mutter fröhlich an, während sie sich ihren Rock anzieht.
- ☐ Andi ist schon im Bad und trocknet seine Haare.
- ☐ Kleine Nussknacker knacken knackig. Knackiger knacken große Nussknacker."
- ☐ Vater holt frische Brötchen vom Bäcker.

3. Schreibt die Sätze in der richtigen Reihenfolge ab und kontrolliert gegenseitig eure Rechtschreibung.

Lösungen Seite 81

Besuch am Krankenbett

Clara war krank. Sie hatte Fieber. Ihre Augen glänzten fiebrig. Ihre Stimme klang tief. Als es ihr wieder besser ging, kam ihre Freundin Aise zu Besuch.
Sie überbrachte Briefe von den Mitschülern. Alle schrieben sehr herzlich und wünschten ihr gute Besserung.
Aise brachte ein neues Würfelspiel mit. Zuerst lasen sie beide die Spielanleitung durch. Sie lernten, dass man auf verschiedenen Wegen das Ziel erreichen kann. Dann vertieften sie sich in das Spiel.
Als Aise sich verabschiedete, meinte Clara: „Vielleicht können wir das Spiel demnächst mal bei dir zu Hause spielen."

1. Lest den Text. Was sind eure Lieblingsspiele? Erzählt.

2. Unterstreiche im Text alle Wörter, die mit **ie** geschrieben werden.

3. Hier sind Wörter mit **ie** aus dem Text in Spiegelschrift geschrieben. Schreibe sie richtig auf.

Fieber ______	verabschieden ______
Brief ______	Spiel ______
wieder ______	tief ______

4. Schreibe die folgenden Wörter unter die passenden Reimwörter: **die Zwiebel, der Stier, die Wiege, der Riegel, der Riese, der Dieb, der Flieder, die Schiene**

die Biene	das Tier	die Ziege	der Spiegel
______	______	______	______
die Lieder	der Giebel	das Sieb	die Wiese
______	______	______	______

Merke!

Hörst du in einem Wort ein lang gesprochenes i, wird es meistens mit ie geschrieben.
Beispiel: Spiel, fliegen

Lösungen Seite 81

1. Ordne die Wörter in die Tabelle ein. Bilde so drei Wortfamilien.

spielen · der Mietvertrag · das Zielband · vermieten · die Zielscheibe · vorspielen · zielstrebig · mieten · der Spieler · zielen · der Mieter · das Fußballspiel · mietfrei · spielerisch · zielsicher · zielgerichtet · ziellos · das Mietshaus · spielstark · das Spielfeld · der Mietpreis

Wortfamilie: die Miete	Wortfamilie: das Spiel	Wortfamilie: das Ziel

2. Sucht aus den drei Wortfamilien von Aufgabe 1 jeweils vier Wörter heraus und schreibt mit diesen Wörtern Sätze.

3. Immer drei Wörter gehören zu einer Wortfamilie. Trage die zusammengehörenden Wörter nebeneinander in die Tabelle ein.

Fieber · **spielen** · **Sieg** · **siegreich** · **zielen** · **spielerisch** · **siegen** · **Spiel** · **Flieger** · **fiebern** · **fliegen** · **fliegerisch** · **fiebrig** · **ziellos** · **Ziel**

Nomen	Verb	Adjektiv
das Fieber	fiebern	fiebrig

1. Ergänze die Tabelle. Kontrolliere mit dem Wörterbuch.

Infinitiv	Präsens	Präteritum
rufen	er ruft	er rief
schreiben	sie	
fallen		es
entscheiden	er	
halten	er	
raten		sie
bleiben	sie	
laufen		sie

2. Schreibe zu jedem Nomen (Namenwort) ein Verb (Tunwort) mit der Endung **ieren**. Kontrolliere mit dem Wörterbuch. **Beispiel:** das Interesse – interessieren

der Platz · der Fotograf · die Nummer · die Maske · die Kasse
das Kostüm · der Alarm · die Balance · die Sorte · das Telefon
der Marsch · der Transport · die Probe · der Lack · der Buchstabe

3. Die Wörter in den Sätzen sind durcheinandergeraten. Bringe die Wörter in eine sinnvolle Reihenfolge. Schreibe die Sätze auf. Markiere das **ie** mit Rotstift.

Besuch am Krankenbett

krank Lara war. Sie Fieber hatte. Ihre fiebrig glänzten Augen.

Ihre klang tief Stimme.

Als wieder ihr es ging besser, mit Aise und Freundin Briefe ihre zu Besuch kam brachte.

Alle sehr schrieben Mitschüler herzlich und Besserung gute wünschten ihr.

Aise neues brachte Würfelspiel ein mit. Beide zuerst Spielanleitung die durch lasen.

Dann das in vertieften sich Spiel sie. Schließlich Aise musste verabschieden sich.

4. Diktiert euch abwechselnd die Sätze aus Aufgabe 3. Kontrolliert dann eure Rechtschreibung.

Merke!

Wörter mit der Endung **ieren** werden mit **ie** geschrieben.

Ein seltsames Ereignis

Markus wandert mit seiner Cousine Laura hinauf auf den nahen Burgberg. Dort durchforschen die beiden die alte Burgruine. Spinnweben flattern wie Gardinen aus den leeren Fensteröffnungen.
In dem Turm der Ruine zeigt Markus seiner Cousine Laura seine tolle Erfindung. „Hier steht meine Zeitmaschine“, erklärt er stolz. „Mit ihr können wir in jedes andere Zeitalter reisen.“ Laura staunt und bittet: „Lass uns ins Mittelalter fliegen. Vielleicht treffen wir dort einen Minnesänger.“ Markus ist einverstanden. Sie klettern in die enge Kabine der Maschine. Nun drückt Laura auf einen schwarzen Knopf. Da purzeln kleine Pralinen in ihren Schoß. „Stopp!“, schreit Markus. „Hier ist doch der Startknopf!“ Er dreht den Schalthebel auf die Einstellung „Mittelalter“ und nun ertönt wunderbare Musik auf einer Violine. Laura jubelt: „Hurra, ein Minnesänger!“ Dann starten sie gemeinsam die Zeitmaschine. Die Maschine ruckelt und ächzt, quietscht und knattert, dann hebt sie vom Boden ab. Plötzlich gibt es einen Knall. Markus ist aus dem Bett gefallen.

1. Lest den Text aufmerksam. Was ist wirklich passiert? Sprecht darüber.
2. Was ist dir schon einmal im Traum passiert? Erzähle.
3. Unterstreiche alle Wörter, die auf **ine** enden.
4. Schreibe die unterstrichenen Wörter mit Artikel (Begleiter) auf.
5. Z Suche im Wörterbuch nach weiteren Wörtern, die auf **ine** enden.
6. Trage die folgenden Wörter in den passenden Satz ein:
   Kantine, Mandarine, Sardine, Cousine, Rosine.

- Die Tochter deines Onkels oder deiner Tante nennt man ____________________.
- Die ____________________ ist eine Südfrucht.
- In der ____________________ unserer Schule gibt es täglich frische Brötchen.
- Eine getrocknete Weinbeere nennt man ____________________.
- Die ____________________ ist ein kleiner Fisch.

Merke!

Wörter mit der Endung **ine** werden mit **i** geschrieben.

Lösungen Seite 81

1. Setze die Silben zu Wörtern zusammen. Schreibe die Wörter in die Kästchen. Wie heißt das Lösungswort?

Fa	Ka	Me	Ti	Pi	Pi	Li	Kro	chen	al
ger	di	lot	nin	ne	brik	ko	zin	dil	rat

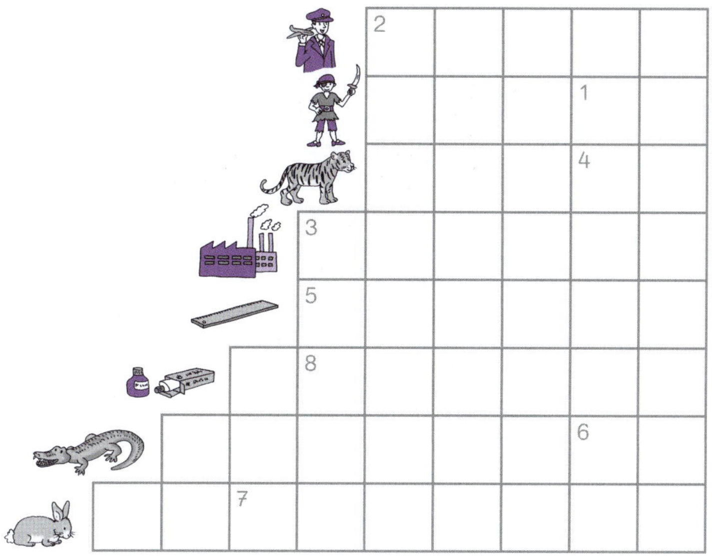

Flugzeugführer

Seeräuber

gefährliches Raubtier

Ort, an dem Waren hergestellt werden

Gerät zum Messen und Unterstreichen

Medikament

Gefährliches Tier, lebt im Wasser und auf dem Land

Lieblingstier vieler Kinder

Lösungswort: Ein anderes Wort für Orange ist

1	2	3	4	5		6	7	8
					S			

.

2. Lass dir von einem Partner die fehlenden Wörter diktieren. Sie stehen im Text auf Seite 28. Kontrolliert gegenseitig eure Rechtschreibung und berichtigt eure Fehler.

Ein seltsames Ereignis

Markus wandert mit seiner ______________ Laura den ______________ hinauf zur alten ______________. Spinnweben ______________ wie ______________ aus den ______________ Fensteröffnungen. In dem Turm der ______________ zeigt Markus seine tolle ______________. „Hier steht meine ______________“, erklärt er ______________. „Mit ihr können wir in jedes ______________ reisen.“ „Lass uns ins ______________ fliegen. Vielleicht treffen wir dort einen ______________“, ______________ Laura. Als Markus die ______________ startet, gibt es einen ______________. Markus ist aus dem ______________ ______________.

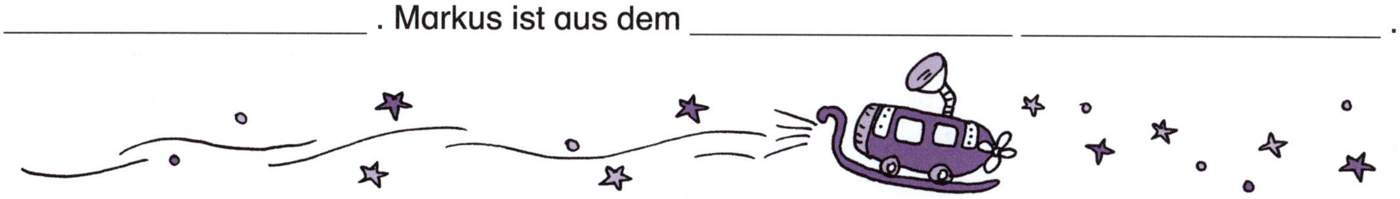

Im Nebel

Mein **Bruder**, mein **Vater** und ich fahren mit unserem **Rad** auf einem holprigen **Weg** über den Deich am **Ufer** des Flusses entlang. Wir wollen zum **Hafen**, in dem die Fähre anlegt, die uns über den Fluss bringen soll. Plötzlich senkt sich dichter **Nebel** über Land und Fluss. Keine **Blume** und kein **Gras** ist mehr zu erkennen. Kein **Vogel** ist zu hören. Kein **Ton** durchbricht die Stille. Kein **Schaf** ist im **Gras** am Hang zu erkennen. Der weiße **Nebel** hat alles verschluckt. Nur ab und zu ist das **Tuten** der Nebelhörner von den vorbeiziehenden Schiffen zu hören. Dann erkennen wir schemenhaft den **Hof** eines Bauern.
Schließlich hebt sich der **Nebel** und wir erreichen den **Hafen**. Leider kommen wir zu spät. Die Fähre hat gerade abgelegt. Weil wir auf die nächste Fähre warten wollen, kehren wir im nahen Gasthof ein. Wir essen ein leckeres **Brot** und trinken heißen **Kakao**.

1. Lest den Text. Habt ihr auch schon einmal so einen dichten Nebel erlebt? Erzählt.

2. Die fett gedruckten Wörter werden mit einem lang gesprochenen Vokal (Selbstlaut) geschrieben.Ordne sie.

▶ Wörter mit lang gesprochenem **a**: ____________________

____

▶ Wörter mit lang gesprochenem **e**: ____________________

____

▶ Wörter mit lang gesprochenem **o**: ____________________

____

▶ Wörter mit lang gesprochenem **u**: ____________________

____

3. Sucht im Wörterbuch nach weiteren Wörtern mit lang gesprochenem Vokal (Selbstlaut) und ordnet sie bei Aufgabe 2 ein.

Merke!

Die meisten Wörter mit lang gesprochenem Vokal (Selbstlaut) kannst du schreiben, wie du sprichst.
Beispiel: Glas, Blume, Nebel

1. Trage die folgenden Wörter in die Sätze ein: **Dose, Glaser, Tag, Wal, Schwan, Blumen, Vater, Gabel, Maler, Vase, Vogel, Besen, Rasen**.

- Wir essen mit Messer und ____________________.
- Der ____________________ setzt die Scheiben in die Fensterrahmen ein.
- Mutter freut sich über die ____________________ in der ____________________.
- Morgen beginnt wieder ein neuer ____________________.
- Laura sammelt schöne Muscheln in einer ____________________.
- ____________________ mäht den ____________________.
- Der ____________________ streicht die Wände an.
- Am Seeufer schwimmt ein weißer ____________________.
- Der hämmernde ____________________ am Baumstamm ist ein Buntspecht.
- Ein Sprichwort heißt: Neue ____________________ kehren gut.
- Der ____________________ ist ein Säugetier, das im Meer lebt.

2. Zu jeder der folgenden Wortfamilien gehört ein Nomen (Namenwort), ein Verb (Tunwort) und ein Adjektiv (Wiewort). Du findest die Wörter in den drei Kisten.
Schreibe die zusammengehörenden Wörter nebeneinander.

Nomen

Feder	Schlaf
Maler	Ton
Mut	Kleber
Kugel	Regen
Not	Gras

Verben

malen	ermutigen
kugeln	grasen
benötigen	schlafen
federn	regnen
ertönen	kleben

Adjektive

tonlos	schlaflos
klebrig	regnerisch
federlos	malerisch
kugelrund	grasgrün
mutig	nötig

Feder, federn, federlos ____________________ ____________________

____________________ ____________________

____________________ ____________________

____________________ ____________________

____________________ ____________________

1. Ergänze die fehlenden Buchstaben in den Reimwörtern und schreibe sie mit dem Artikel (Begleiter) daneben.

Gl	ut	die Glut	Str	udel	der Strudel
H	____	____	P	____	____
M	____	____	Spr	____	____
W	____	____	N	____	____
Bl	____	____	R	____	____

2. Ordne jedem Wort das passende Reimwort zu: **die Kufe, der Hut, die Hupe, der Krug, die Rute, die Tüte, der Trubel, die Grube**.

die Lupe	der Zug	das Blut	die Blüte
____	____	____	____
die Tube	die Pute	die Stufe	der Jubel
____	____	____	____

3. In jedem Satz findet ihr **ein** Wort, das falsch geschrieben ist. Kreist die 14 Fehler ein. Kontrolliert mit dem Wörterbuch.

Im Nebel

Mein Bruder, mein Vater und ich fahren mit unserem Rat auf einem holprigen Weg über den Deich am Ufer des Flusses entlang.
Wir wollen zum Hafen, in dem die Fähre anlegt,
die uns über den fluss bringen soll.
Plötzlich senkt sich dichter Nebel über Land unt Fluss.
Keine Blume und kein Gras ist mehr zu erkenen.
Kein Fogel ist zu hören.
Kein Ton durchbricht die Stiele.
Kein Schaf ist im Gras am Hang zu Erkennen.
Der weiße Nebel hat ales verschluckt.
Nur ab und zu ist das Tuten der Nebelhörner von
den vorbeiziehenden Schiefen zu hören.
Schließlich hebt sich der Nebel und wier erreichen den Hafen.
Leider komen wir zu spät.
Die fähre hat gerade abgelegt.
Weil wir auf die nächste Fähre warten wolen, kehren wir in einem Gasthof ein.
Wir essen ein lekeres Brot und trinken heißen Kakao.

4. Schreibe diesen Text ohne Fehler auf.

Reiseziele

Eva und Jan sitzen mit ihren Eltern am Kaffeetisch. Mutter fragt: „Wo wollen wir in diesem Sommer Urlaub machen?“ Jan möchte an die Nordsee fahren. Er schwärmt für einen Bootsführerschein. Vater hat eine andere Idee. Er meint: „Wir könnten im Schwarzwald wandern und uns durch ein Moor führen lassen. Unterwegs werden wir Beeren sammeln und abends bereitet uns die Wirtin Heidelbeerpfannkuchen zu.“ „Im Kursaal gibt es Vorträge über die Entstehung der Moore“, freut sich die Mutter. „Jeder braucht ein Paar feste Schuhe“, überlegt Vater. Eva erinnert sich an den Titisee und würde gern dort schwimmen. „Dann schaue ich aber, ob wir dort auch Segelboot fahren können!“, ruft Jan. Schließlich stimmen alle für den Urlaub im Schwarzwald.

1. Lies den Text und erzähle, wohin du gerne verreisen möchtest.

2. Beantworte die folgenden Fragen in einem Satz.

- Was plant die Familie?
- Was möchte Jan? Was möchte Eva?
- Warum entscheidet sich die Familie für den Schwarzwald?

3. Unterstreiche die Wörter mit doppeltem Vokal (Selbstlaut). **Beispiel:** Kaffeetisch

4. Ordne die unterstrichenen Wörter.

Wörter mit **aa**: ______________________

Wörter mit **ee**: ______________________

____

Wörter mit **oo**: ______________________

5. Verbinde in jedem Kasten jeweils zwei Wörter zu einem zusammengesetzten Nomen (Namenwort).

Tee	Hafen	Haar	Lauf	Moor	Polster
See	Flocke	Paar	Land	Zoo	Tier
Schnee	Tasse	Saar	Farbe	Moos	Bad

6. Schreibe die zusammengesetzten Nomen (Namenwort) mit ihrem Artikel (Begleiter) auf.

 Lösungen Seite 82

Lang gesprochener Vokal: Doppelvokal

Merke!

Es gibt nur wenige Wörter, in denen der lang gesprochene Vokal (Selbstlaut) mit aa, ee oder oo geschrieben wird. Diese Wörter musst du dir merken.
Beispiel: Waage, Haar, Klee, Schnee, Zoo, Moos

R	A	O	C	C	U	H	B	H	J	B	H
Y	Z	K	H	E	E	Q	K	K	S	E	I
Q	F	E	B	P	C	K	L	X	S	E	T
A	G	U	E	J	H	L	X	Q	P	R	E
L	Q	L	E	M	T	E	E	R	E	E	E
L	C	O	T	E	S	E	X	V	E	S	A
E	O	X	L	E	R	B	N	N	R	E	M
E	J	K	H	R	B	L	G	Z	L	E	B
I	K	J	M	E	K	A	F	F	E	E	M
D	F	G	Q	O	E	T	Y	R	E	N	K
E	E	C	U	L	T	T	P	V	R	A	F
E	E	B	C	I	S	C	H	N	E	E	D

1. In dem Wortsuchrätsel sind waagerecht und senkrecht 14 Wörter mit **ee** versteckt. Kreise sie ein.
2. Schreibe die Wörter neben die Worterklärung.

Märchenfigur: ______________________

Aufgussgetränk: ______________________

ohne Inhalt: ______________________

Gartenfrucht: ______________________

Anlage im Gemüsegarten: ______________________

vierblättriger Glücksbringer: ______________________

gefrorener Niederschlag: ______________________

Straßenbelag: ______________________

Ozean: ______________________

Wurfgerät: ______________________

von Bäumen gesäumte Straße: ______________________

Einfall: ______________________

Getränk aus Bohnen: ______________________

stehendes Gewässer: ______________________

3. Verbinde in jedem Kasten jeweils zwei Wörter zu einem zusammengesetzten Nomen (Namenwort).

Gemüse	Fee
Kräuter	Tee
Quitten	Beet
Märchen	Gelee

Ideen	Beutel
Klee	Sammlung
Meer	Wasser
Tee	Blatt

See	Saft
Schnee	Stern
Kaffee	Lawine
Beeren	Bohne

4. Schreibe die zusammengesetzten Nomen (Namenwörter) mit ihrem Artikel (Begleiter) auf.

5. Z Sucht weitere zusammengesetzte Wörter im Wörterbuch, die mit **ee** geschrieben werden.

Lang gesprochener Vokal: Doppelvokal

1. Immer drei Wörter gehören zu einer Wortfamilie. Färbe die Kärtchen jeweils in derselben Farbe.

Moos | Waage | Haar | Ehepaar | Briefwaage | Moor

Paar | Aal | Moorwasser | Räucheraal | Haarschnitt | moorig

haarig | moosig | waagerecht | aalglatt | paarweise | Moosbeere

2. Schreibe die zusammengehörenden Wörter mit Artikel (Begleiter) nebeneinander.

das Moos, die Moosbeere, moosig

3. Ergänze die Tabelle. Kontrolliere mit dem Wörterbuch.

Singular	Plural	Verkleinerung
das Boot		
das Haar		
das Paar		

Merke!

Im Wortstamm einer Wortfamilie bleibt der doppelte Vokal (Selbstlaut) erhalten.
Aber: Aus aa und oo lässt sich kein doppeltes ä und ö ableiten.
Beispiel: das Haar – das Härchen, das Boot – das Bötchen

4. Markiere jedes Wortende durch einen senkrechten Strich.

- janmöchteandienordseefahren.
- erschwärmtfüreinenbootsführerschein.
- vaterhateineandereidee.
- wirkönntenimschwarzwaldwandern undunsdurcheinmoorführenlassen.
- unterwegswerdenwirbeerensammeln.
- imkursaalgibtesvorträge überdieentstehungdermoore.
- jederbrauchteinpaarfesteschuhe.
- evamöchteimseeschwimmen.

5. Schreibe den Text richtig auf. Achte auf die Großschreibung der Satzanfänge und der Nomen (Namenwörter).

6. Diktiert euch gegenseitig den Text. Kontrolliert dann eure Rechtschreibung.

Unfall auf dem Schulweg

Immer wieder kommen Schüler auf dem Schulweg in Gefahr. Erst gestern rannte ein Kind in der Bahnhofstraße unseres Ortes auf dem Weg zur Schule hinter einem stehenden Pkw auf die **Fahrbahn**. Ein Auto erfasste den achtjährigen Jungen. Er musste in ein Krankenhaus eingeliefert werden.
Auch das **Fahrrad** stellt bei Unfällen eine Gefahrenquelle dar. Nach der **Radfahrprüfung** in der Grundschule **fahren** viele Schüler regelmäßig mit dem **Fahrrad** zur Schule. In jedem Jahr werden immer wieder Kinder, die mit dem **Fahrrad** unterwegs sind, in **Verkehrsunfälle** verwickelt. Warum ist das so?
Häufig sind die Räder nicht **verkehrssicher**. Kinder verhalten sich im **Straßenverkehr** oft unsicher oder beachten die **Verkehrsregeln** nicht. Deshalb wird in den Schulen **Verkehrsunterricht** erteilt.

1. Lies den Text. Erzähle von deinem Schulweg. Welche Gefahren kennst du?

2. Kreise in den fett gedruckten Wörtern das **Dehnungs-h** ein.

3. Schreibe die beiden Wortfamilien **fahren** und **Verkehr** auf. Du findest die Wörter oben im Text.

4. Sucht im Wörterbuch noch weitere Wörter zu diesen Wortfamilien.

5. Ergänze **ah/äh**, **eh**, **oh/öh** oder **uh/üh** in den Wörtern.

▶ Einen St___l ohne L___ne nennt man Hocker.

▶ Am Ufer des Sees liegt ein alter K___n aus Holz.

▶ Vater und S___n sind mit ihren Rädern unterwegs.

▶ Am Feldrand blüht der rote M___n.

▶ In der Sommerzeit wird die ___r eine Stunde vorgestellt.

▶ Auf dem Biohof laufen die H___ner und H___ne im Freien umher.

▶ In der M___le wird das Korn zu M___l gem___len.

6. Zeichnet eine Tabelle und ordnet die Wörter aus Aufgabe 5 in die Tabelle ein.
Sucht im Wörterbuch noch mehr Wörter für die Tabelle.

Wörter mit ah/äh	Wörter mit eh	Wörter mit oh/öh	Wörter mit uh/üh

Lösungen Seite 82

Merke!

Ein Dehnungs-h steht nur vor l, m, n und r.
Beispiel: der Stuhl, der Lehm, der Sohn, das Rohr.

1. In dem Wortsuchrätsel sind waagerecht und senkrecht 20 Wörter mit Dehnungs-h versteckt. Kreise sie ein. Schreibe sie dann mit Artikel (Begleiter) daneben.

K	K	S	H	U	H	N	I	Q	F	E	P	K	C
S	T	U	H	L	H	X	Q	Z	A	H	L	E	Q
L	C	O	S	X	V	A	U	H	R	O	X	H	R
F	L	R	J	N	N	M	J	K	S	B	F	L	U
E	G	Z	A	B	K	J	L	M	E	M	A	E	H
H	G	Q	H	Q	R	I	Ä	Y	R	N	H	K	M
L	R	C	R	U	T	L	H	T	P	V	R	L	R
E	A	A	F	B	U	C	M	I	D	A	E	O	O
R	H	N	R	S	H	V	U	C	E	R	R	H	H
Z	M	L	J	D	L	S	N	Y	N	C	T	N	R
A	S	K	M	M	E	F	G	I	C	B	A	H	N
H	O	P	E	Y	H	L	E	H	R	E	R	C	L
N	H	H	W	T	M	H	R	A	H	M	E	N	R
G	N	C	A	I	U	M	E	H	L	H	G	M	G

waagerecht: ______

______

______

______

______

senkrecht: ______

______

______

______

______

______

______

2. Zeichne eine Tabelle und ordne die Wörter aus dem Wortsuchrätsel ein.

Wörter mit hl	Wörter mit hm	Wörter mit hn	Wörter mit hr

3. Immer drei Wörter gehören zu einer Wortfamilie. Trage die zusammengehörenden Wörter nebeneinander in die Tabelle ein.

Gefühl gefühlvoll zählen zahllos aushöhlen Höhle fühlen kühlen kühl Zahl Kühle hohl

In Wörtern einer Wortfamilie bleibt das Dehnungs-h erhalten.

Nomen	Verb	Adjektiv

 Lösungen Seite 82

Merke!

Das Dehnungs-h bleibt im Wortstamm einer Wortfamilie und in den Personalformen der Verben (Tunwörter) erhalten.
Beispiel (Wortfamilie): Ruhm – rühmen – ruhmlos
Beispiel (Personalform): fühlen – ich fühle – du fühlst – er fühlt

1. Ergänze die Tabelle. Kontrolliere mit dem Wörterbuch.

Infinitiv	Präsens	Präteritum
fahren	er fährt	er fuhr
	sie strahlt	
		er fehlte
wählen	sie	
	er zählt	
kühlen	sie	

2. Lass dir von einem Partner die fehlenden Wörter diktieren. Sie stehen im Text auf Seite 36. Kontrolliert gegenseitig eure Rechtschreibung und berichtigt eure Fehler.

Unfall auf dem Schulweg

Immer wieder kommen Schüler auf dem Schulweg in ____________. Erst gestern rannte ein Kind in der ____________________________ unseres Ortes auf dem Weg zur Schule hinter einem stehenden Pkw auf die _______________. Ein Auto erfasste den _____________________ Jungen. Er musste in ein Krankenhaus eingeliefert werden. Auch das _____________ stellt bei Unfällen eine _______________________ dar. Nach der __________________________ in der Grundschule _____________ viele Schüler regelmäßig mit dem _____________ zur Schule. In jedem ____________ werden immer wieder Kinder, die mit dem ________________ unterwegs sind, in ____________________________ verwickelt. Häufig sind die Räder nicht _________________________. Kinder verhalten sich im _______________________ oft unsicher und beachten die ______________________ nicht. Deshalb wird in den Schulen _____________________________ erteilt.

 Lösungen Seite 83

Der Musikfreund

Paul mag das frühe Aufstehen morgens nicht. Er möchte lieber lange schlafen, weil er abends im Bett gern noch bis spät in die Nacht Bücher liest, in denen das Leben berühmter Musiker beschrieben wird. Gestern hat Paul sich wieder einmal ein Paket mit Notenheften besorgt.
Er spielt in einem Jugendorchester die Posaune. Er kann aber auch die Trompete und die Tuba blasen. Außerdem hat Paul Unterricht im Spielen auf dem Piano. Sein bester Freund begleitet ihn mit der Bassgitarre.
Montags erledigt Paul seine Schulaufgaben immer zügig. Er möchte pünktlich die Bahn erreichen, um die Probe im Orchester nicht zu verpassen. Zu Hause übt Paul täglich auf seinen Blasinstrumenten, weil er sich an einem Musikwettbewerb im Herbst beteiligen möchte.

1. Lest den Text aufmerksam. Welche Instrumente spielt Paul? Kennt ihr noch andere Instrumente?

2. Unterstreiche die Wörter, die im Anlaut oder im Inlaut mit den Konsonanten (Mitlauten) **B/b** oder **P/p** geschrieben werden.

3. Zeichne eine Tabelle und ordne die unterstrichenen Wörter von Aufgabe 2 ein.

stimmhaftes B/b		stimmloses P/p	
im Anlaut	**im Inlaut**	**im Anlaut**	**im Inlaut**
Bett	abends	Paket	Trompete

4. Ergänze den Konsonanten (Mitlaut) **B/b** oder **P/p** in den folgenden Wörtern. Kontrolliere mit dem Wörterbuch.

der __aum	das __aket	die Rü__e	die Ram__e	die __alme
die Ta__ete	die Rei__e	die __anane	die __izza	das Fie__er

Merke!

Sprich die Wörter deutlich. Dann kannst du die Laute **B/b** und **P/p** unterscheiden.

B/b klingt **stimmhaft**, denn **B/b** wird nur mit der Stimme gebildet. **Beispiel: B**uch, gra**b**en

P/p klingt **stimmlos**, denn **P/p** wird nur mit den Lippen gebildet. **Beispiel: P**oster, Lam**p**e

 Lösungen Seite 83

Merke!

In Wortfamilien bleiben die Konsonanten (Mitlaute) b oder p erhalten. Sie gehören zum Wortstamm.

1. Aus groß mach klein. Setze **b** und **p** richtig in die Wörter ein.

- Eine kleine Raup e ist ein Räupchen
- Eine kleine Schrau__e ist ein ____________________
- Eine kleine Lam__e ist ein ____________________
- Eine kleine Schwal__e ist ein ____________________
- Eine kleine Tau__e ist ein ____________________
- Eine kleine Tul__e ist ein ____________________
- Eine kleine Schei__e ist ein ____________________
- Eine kleine Rü__e ist ein ____________________
- Ein kleiner Klum__en ist ein ____________________

2. Zu jeder der folgenden Wortfamilien gehört ein Nomen (Namenwort), ein Verb (Tunwort) und ein Adjektiv (Wiewort). Du findest die Wörter in den drei Kisten. Schreibe die zusammengehörenden Wörter nebeneinander.

Nomen		Verben		Adjektive	
Staub	Raub	rauben	loben	sauber	klumpig
Farbe	Sauberkeit	stauben	klumpen	räuberisch	farblos
Klumpen	Lob	säubern	färben	lobenswert	staubig

Staub – stauben – staubig

 Lösungen Seite 83

Merke!

Im **Auslaut** sind alle Konsonanten (Mitlaute) stimmlos; **b** und **p** klingen gleich. Durch Verlängerung des Wortes hörst du **b** und **p** im **Inlaut** und kannst sie unterscheiden.

1. Bilde den Plural (Mehrzahl) und ergänze **b** oder **p**.

Singular	Plural
das Sieb	die Siebe
das Horosko_	
der Kor_	

Singular	Plural
der Sta_	
der Urlau_	
das Mikrosko_	

2. Suche ein verwandtes Verb (Tunwort) und mache das **b** hörbar.

Nomen	Verb
der Raub	rauben
das Lo_	
der Stau_	

Nomen	Verb
das Kal_	
der Tra_	
das Gra_	

3. Bilde zusammengesetzte Nomen (Namenwörter). Vergiss den Artikel (Begleiter) nicht.

schrauben + der Stock = der Schraubstock

pumpen + die Station = ____________________

stauben + das Tuch = ____________________

piepen + der Ton = ____________________

rauben + der Fisch = ____________________

hupen + das Konzert = ____________________

4. Schreibt mit folgenden Adjektiven (Wiewörtern) Sätze: **lieb, taub, gelb, trüb, grob**.
Das Adjektiv (Wiewort) soll vor einem Nomen (Namenwort) stehen.
Schreibt so: Meine liebe Freundin hilft mir.

 Lösungen Seite 83

Merke!

In den Personalformen der Verben (Tunwörter) bleibt der Laut **b** oder **p** erhalten. Wenn du den **Infinitiv** (Grundform) bildest, hörst du, ob das Verb (Tunwort) mit **b** oder **p** geschrieben werden muss.

1. Bilde den Infinitiv (Grundform) der Verben (Tunwörter) und ergänze **b** oder **p**.

Personalform	Infinitiv
er le b t	leben
er fär __ t	
er hu __ t	
sie rei __ t	
es stau __ t	
es kle __ t	
sie zir __ t	

Personalform	Infinitiv
sie glau __ t	
sie lo __ t	
er pum __ t	
er gi __ t	
es schwe __ t	
er grä __ t	
es pie __ t	

2. Trage die folgenden Verben (Tunwörter) in der richtigen Personalform in die Satzlücken ein: **zirpen, klumpen, stülpen, pumpen, strampeln, kleben, werben, schrauben, schreiben, loben.** Vergleiche mit dem Wörterbuch.

- Lorenz ______________________ auf seinem Fahrrad mit Malte um die Wette.
- Tom ______________________ bei den Mitschülern für seinen Sportverein.
- Am Abend ______________________ eine Grille.
- Laura ______________________ ihren Drachen.
- Die Mutter rührt den Pudding schnell, damit er nicht ______________________ .
- Tim ______________________ die Urkunden für das Sportfest.
- Salina ______________________ den Becher über die Würfel.
- Oma ______________________ Wasser aus dem Brunnen im Garten.
- Der Elektriker ______________________ neue Glühbirnen in die Lampen.
- Der Trainer ______________________ seine Mannschaft für das gute Training.

Merke!

Manche Wörter mit b/p kannst du nicht ableiten. Die beiden Laute b/p sind beim Sprechen der Auslaute nicht zu unterscheiden. Deshalb musst du dir diese Wörter merken.

1. Ordne die Wörter aus jeder Wortgruppe nach dem ABC. Überprüfe deine Lösung mit dem Wörterbuch.

Merkwörter mit **b**: der Herbst, das Obst, die Erbse, der Krebs, der Club, hübsch, selbst

Merkwörter mit **p**: das Haupt, der Raps, der September, der Klempner, hopsen, das Rezept, der Papst, das Top, der Stöpsel, die Kapsel, der Mops, plumpsen

2. Setze die folgenden Nomen (Namenwörter) in die Satzlücken ein: **Obst, Herbst, September, Erbsen, Klempner, Raps, Krebse.**

- Der ______________________ ist ein Herbstmonat.
- Im ______________________ ernten wir Äpfel, Pflaumen und Birnen.
- Der ______________________ repariert den Wasserhahn in unserem Bad.
- Jens und Anja essen zum Frühstück am liebsten ______________________ .
- Die ______________________ reifen in den Schoten.
- Der ______________________ auf den Feldern leuchtet in einem kräftigen Gelb.
- Am Nordseestrand beobachten die Kinder kleine und große ______________________ .

3. Setze **B/b** oder **P/p** in die Wortlücken ein. Achte auf die Großschreibung der Nomen (Namenwörter). Vergleiche mit dem Text auf Seite 39.

Der Musikfreund

Gestern hat Paul sich wieder einmal | ein __aket mit Notenheften | __esorgt. | Er spielt die __osaune. | Er kann aber auch | die Trom__ete und die Tu__a __lasen. | Außerdem hat Paul Unterricht | im S__ielen auf dem __iano. | Sein __ester Freund __egleitet ihn dabei | auf der __assgitarre. | Montags erledigt Paul seine Schulaufga__en immer zügig. | Er möchte __ünktlich | die __ahn erreichen, | um die __robe | im Orchester nicht zu ver__assen. | Zu Hause ü__t Paul täglich | auf seinen __lasinstrumenten, | weil er sich an einem Musikwett__ewer__ | im Her__st __eteiligen möchte.

4. Diktiert euch gegenseitig den Text von Aufgabe 3. Achtet auf die Diktierstriche. Kontrolliert eure Rechtschreibung.

 Lösungen Seite 83

Ferien am Strand

Lea und Lorenz verleben mit ihrer Klasse ein paar **Tage** an der Nordsee auf der Insel Norderney. Ihre **Unterkunft** haben sie in der Jugendherberge gleich hinter dem **Deich**. Sie gehen **täglich** an den **Strand**. Der **Sand** ist fein und weiß. Sie genießen das **Bad** im Meer und manchmal mieten sie sich ein **Paddelboot**. Bei Ebbe entstehen zwischen den Sandbänken kleine **Tümpel** oder größere **Teiche**. Wenn der **Wind** kräftig weht, lassen sie ihre **Drachen** steigen.
Viele Drachen sind **bunt** und haben ein **Gesicht**. Lea und Lorenz haben ihre Drachen von zu Hause mitgebracht. Ein **Kind** jubelt **laut**: „Schaut, der Wind trägt meinen Drachen **weit** hinauf." Leas Drachen tanzt ganz **wild** hin und her. Sie hat **Angst**, dass er abstürzt. Aber es geht noch einmal **gut**. Er steigt weit hinauf bis über das **Dach** der Gaststätte. „Jetzt fliegt mein **Freund** sogar höher als der **Turm** ist, der auf der **Düne** steht!", ruft Lea erfreut. Als es **Abend** und **kalt** wird, sind alle müde und frieren. Sie wickeln ihre **Drachenschnur** auf. Nur Lorenz hat keine Schnur mehr in seiner **Hand**. „Wo ist denn dein Drachen?", fragt Lea. Lorenz lacht fröhlich und erklärt: „Ich habe ihn freigelassen. Er fliegt nun hinauf zum **Mond**." Er steckt seine Hände in die **Taschen** seiner Hose und sie gehen vergnügt zur Jugendherberge.

1. Lies den Text. Hast du auch schon einmal einen Drachen steigen lassen? Erzähle.

2. Kreise in den fett gedruckten Wörtern die Anlaute (**D**/**T**) und die Auslaute (**d**/**t**) ein.

3. Zeichnet eine Tabelle und ordnet die fett gedruckten Wörter dort ein.

stimmhaftes D/d		stimmloses T/t	
im Anlaut	**im Auslaut**	**im Anlaut**	**im Auslaut**
Deich	Strand	Tage	Unterkunft

Merke!

Sprich die Wörter deutlich. Dann kannst du die Laute **D/d** und **T/t** im Anlaut unterscheiden. **D/d** klingt **stimmhaft**, denn **D/d** wird mit der Stimme gebildet. **Beispiel: D**aumen

T/t klingt **stimmlos**, denn **T/t** wird nur mit der Zunge gebildet: **Beispiel: T**eich

Merke! Wenn du Wörter **verlängerst**, hörst du, ob sie im Auslaut mit **d** oder **t** geschrieben werden müssen. Du kannst Wörter auf verschiedene Weise verlängern.

- Du kannst zu den Nomen (Namenwörtern) den Plural (Mehrzahl) bilden.
  Beispiel: das Wor**t** – die Wör**t**er, der Bran**d** – die Brän**d**e
- Du kannst Adjektive (Wiewörter) steigern.
  Beispiel: bun**t** – bun**t**er – am bun**t**esten, wil**d** – wil**d**er – am wil**d**esten
- Du kannst Adjektive (Wiewörter) vor ein Nomen (Namenwort) schreiben.
  Beispiel: har**t** – die har**t**e Matratze, mil**d** – der mil**d**e Regen
- Du kannst zur Personalform der Verben (Tunwörter) den Infinitiv (Grundform) suchen.
  Beispiel: sie rä**t** – ra**t**en, er ban**d** – bin**d**en
- Du kannst verwandte Wörter suchen.
  Beispiel: kal**t** – die Käl**t**e – erkäl**t**en , das Wil**d** – wil**d**ern – die Wil**d**nis.

1. Bilde den Plural (Mehrzahl) und ergänze **d** oder **t**.

Singular	Plural	Singular	Plural
das Schil d	die Schilder	das Kin__	
der Bar__		der Mon__	
das Pfer__		das Lich__	
das Ra__		die Han__	
die Fahr__		die Nach__	

2. Schreibe mit sechs Wörtern von Aufgabe 1 eigene Sätze. Du kannst auch den Computer benutzen.

3. Steigere die Adjektive (Wiewörter) und ergänze **d** oder **t**.

Positiv	Komparativ	Superlativ
bun t	bunter	am buntesten
lau__		
mil__		
kal__		
har__		
wil__		

1. Suche zu jedem Wort ein verwandtes Adjektiv (Wiewort) und ergänze **d** oder **t**.
Kontrolliere mit dem Wörterbuch.

Nomen	Adjektiv	Nomen	Adjektiv
die Här t e	hart	der Win __	
die Wei __ e		der Blin __ e	
die Run __ e		der Mu __	
die Kraf __		der Nei __	
die Freun __ e		die Käl __ e	

2. Sucht ein verwandtes Verb (Tunwort) und ergänzt **d** oder **t**.

der Stran d
stranden

der Ra __

der Strei __

der Star __

das Ba __

das Zel __

3. Setze **D/d** oder **T/t** in die Wortlücken ein. Achte auf die Großschreibung der Nomen (Namenwörter).

Ferien am Strand

☐ Sein Freun __ soll bis zum Mon __ fliegen.

☐ Lea und Lorenz verleben mit ihrer Klasse ein paar __ age auf Norderney.

☐ Nur Lorenz hat keine Schnur mehr in seiner Han __ , denn er hat seinen __ rachen freigelassen.

☐ Bei kräf __ igem Win __ lassen alle ihre __ rachen steigen.

☐ Sie gehen täglich an den Stran __ und spielen in dem feinen, weißen San __ .

☐ Leas __ rachen tanzt wil __ hin und her, aber es geht gu __ und der __ rachen stürzt nicht ab.

☐ Als es Aben __ und kal __ wird, wickeln alle ihre __ rachenschnur auf.

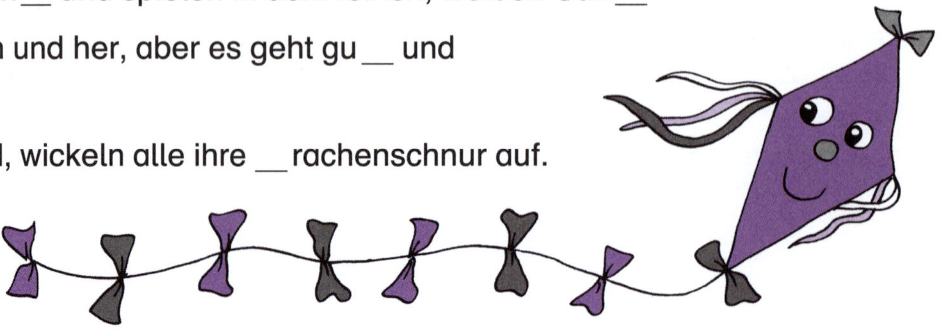

4. Nummeriere die Sätze in der richtigen Reihenfolge.

5. Schreibt die Sätze in der richtigen Reihenfolge ab und lasst die Rechtschreibung von einem Partner korrigieren.

Wenn es Winter wird

Der Winter gefällt Abdul besonders gut. Fast jeden **Tag** trifft er sich mit seinen Freunden im **Park**. Der **Weg** ist dort jetzt sehr **rutschig** und Tim findet es **lustig**, mit seinen glatten Schuhen schnell über das Eis zu gleiten. Abdul warnt: „Achte auf den **Schneeberg**. Wenn du dort fällst und dein **Fußgelenk** danach eine **Prellung** hat, kannst du nur noch humpeln und du fühlst dich gar nicht mehr **stark**."
„Es kommt nur auf die richtige **Technik** an", ruft Tim.
Laura und Elisa werfen den Jungen Schneebälle zu und lachen. Der Heimweg ist **lang** und alle möchten vor der Dunkelheit zurück in die **Wohnung** gehen. Vorher ruhen sie sich noch etwas auf der **Bank** aus und trinken ein heißes **Getränk** aus der Thermoskanne.
Plötzlich sehen die Kinder im Schnee einen Igel. Abdul flüstert: „Igel, die im Winter herumlaufen, sind in Not. Sie sind entweder **krank** oder sie sind zu **jung** und konnten sich im Herbst nicht genug Speck anfressen. Lasst uns Hilfe holen."

1. Lest den Text. Was erfahrt ihr über den Winter? Sprecht darüber.
2. Schreibe auf, was du einmal im Winter erlebt hast.
3. Die fett gedruckten Wörter im Text werden im Auslaut mit **g** oder **k** geschrieben. Kreise den Auslaut g und k ein.
4. Verlängert die fett gedruckten Wörter im Text und macht das **g** oder **k** im Auslaut hörbar. Überlegt, wie man jedes Wort verlängern kann.
Schreibt so: **der Tag – die Tage**
5. Bildet zu den folgenden Wörtern den Plural (Mehrzahl) und ergänzt **g** oder **k**. Kontrolliert den Plural (Mehrzahl) mit dem Wörterbuch. Sucht abwechselnd die Seite und notiert die Seitenzahl.

Singular	Plural	Seite	Singular	Plural	Seite
die Bank	die Bänke		das Geträn__		
der Klan__			das Gelen__		
der Gesan__			der Kru__		
das Geschen__			die Bur__		
der Fin__			das Vol__		
der Zu__			das Din__		

 Lösungen Seite 84

1. Steigere die Adjektive (Wiewörter) und ergänze **g** oder **k**.

Positiv	Komparativ	Superlativ
kran k	kränker	am kränksten
schrä __		
jun __		
star __		
schlan __		

2. Verlängere die folgenden Adjektive (Wiewörter), indem du sie vor ein Nomen (Namenwort) schreibst und einen sinnvollen Satz bildest: **klug, krank, lang, flink, welk**.

- Mein kluger Vater erzählt von seinem Beruf.
- Meine ______ Oma ______
- Die ______ Sonnenblumen ______
- Die ______ Baumstämme ______
- Der ______ Igel ______

3. Suche ein verwandtes Verb (Tunwort) und ergänze **g** oder **k**.

Nomen	Verb	Nomen	Verb
der Fan g	fangen	der Klan __	
der Sie __		das Geschen __	
der Dan __		der Gesan __	
der Win __		der Spu __	
der Sprun __		der Par __	

 Lösungen Seite 84

1. Setze die folgenden Verben (Tunwörter) in die Satzlücken ein: **gelingen, düngen, schwingen, winken, sinken, dringen, welken, trinken, singen, hängen**.
Achte auf die richtige Personalform.

- Das Regenwasser _______________ langsam in die trockene Erde ein.
- Mutter schaut aus dem Fenster und _______________ den Kindern zu.
- Dem Schüler _______________ ein ausgezeichneter Aufsatz.
- Auf der Wanderung _______________ wir ein Lied.
- Im Garten _______________ die letzte Rose am Strauch.
- Der Sportler _______________ Wasser aus der Flasche.
- Der Drachen _______________ langsam herab auf die Wiese.
- In diesem Jahr _______________ viele Äpfel am Baum.
- Der Bauer _______________ den Acker, damit die Saat gut wachsen kann.
- Paula _______________ sich mit dem Kletterseil jubelnd durch die Luft.

2. Lass dir von einem Partner die fehlenden Wörter diktieren. Sie stehen im Text auf Seite 47. Kontrolliert gegenseitig eure Rechtschreibung und berichtigt eure Fehler.

Wenn es Winter wird

Fast jeden _________ im Winter trifft Abdul seine Freunde im _________ . Der _________ ist sehr _______________ und Tim findet es _____________ , über das Eis zu gleiten. Abdul warnt: „Achte auf den _____________________ . Du fühlst dich nicht mehr ___________ , wenn dein ___________________ eine ___________________ hat.“ Aber Tim ruft: „Es kommt nur auf die richtige ____________ an.“

Alle möchten vor der Dunkelheit in die ________________ gehen. Der ________________ ist __________ , deshalb ruhen sich die Kinder vorher noch auf der ___________ aus. Sie trinken ein heißes ______________ . Plötzlich sehen die Kinder im Schnee einen Igel. Abdul flüstert: „Der Igel ist entweder ____________ oder er ist zu __________ und hat im Herbst nicht genug gefressen. Lasst uns Hilfe holen.“

Ein Brief aus dem Urlaub

Liebe Laura,

mein Bruder Lorenz und ich verbringen unsere Ferien im Schwarzwald. Wir haben unser Quartier in einer Jugendherberge. Unsere Herbergseltern bereiten uns immer ein sehr abwechslungsreiches Frühstück.
Am besten schmeckt uns das gelbe Quittengelee auf einem Quarkbrot. Lorenz isst meistens ein Müsli mit gequollenen Rosinen. Die knusprigen Brötchen werden morgens vom Bäcker frisch angeliefert. Die Herbergswirtin bezahlt die Ware immer gleich bar und erhält dann eine Quittung vom Bäcker. Mit unserer Jugendgruppe wandern wir häufig quer durch den Wald. Unterwegs erfrischen wir uns an einer Quelle, suchen Pilze und Beeren und baden manchmal in einem dunklen Waldsee. Dort beobachten wir Frösche und hören sie laut quaken. Abends spielen wir gern gemeinsam Quartett oder lösen interessante Quizfragen. Ich freue mich auf unser Wiedersehen.

Viele Grüße
Ute

1. Lies den Text aufmerksam. Was erleben Ute und Lorenz in der Jugendherberge? Erzähle.
2. Warst du schon einmal in einer Jugendherberge? Schreibe auf, was du dort erlebt hast.
3. In dem Text werden zehn Wörter mit **Qu/qu** geschrieben.
Unterstreiche diese Wörter und schreibe sie auf.

4. Immer zwei Wörter gehören zu einer Wortfamilie. Ordne sie zu.
Schreibe so: der Quirl – quirlen

~~Quirl~~ quengeln Quelle ~~quirlen~~ qualmen Quatsch quälen Qualm quittieren quatschen Überquerung quellen Qual überqueren Quittung Quengelei

Merke!

Im Wortstamm einer Wortfamilie bleibt Qu/qu erhalten. Wörter mit Qu/qu musst du dir merken.

Lösungen Seite 84

1. In dem Wortsuchrätsel sind waagerecht und senkrecht 11 Wörter mit **Qu/qu** versteckt. Kreise die Wörter ein und schreibe sie dann mit Artikel (Begleiter) daneben.

S	Z	G	N	Q	U	A	T	S	C	H
C	Z	Q	R	Q	U	A	R	K	Q	A
Q	O	U	C	C	Q	U	H	Q	U	B
U	Q	A	H	Q	U	J	H	U	E	Y
A	U	L	Z	U	I	K	H	I	L	Q
D	A	M	E	A	T	E	Q	T	L	U
R	L	K	K	K	T	S	I	T	E	I
A	L	Q	F	E	U	E	P	E	C	Z
T	E	L	X	N	N	G	U	J	H	X
Q	Q	L	C	O	G	S	X	V	A	O
X	L	R	Q	U	A	R	T	I	E	R

waagerecht:

senkrecht:

2. Bilde aus den Silben Verben (Tunwörter).
Beispiel: **quietschen, quieken**

quiet-, qua-, quas-, quel-, quet-, qual-, quat-, quä-, quit-, quie-

-schen, -schen, -schen, -en, -ken, -len, -len, -seln, -men, -tieren

3. Schreibt zu zehn Verben (Tunwörtern) von Aufgabe 2 eigene Sätze. Ihr könnt auch den Computer benutzen.

4. Die Wörter in den Sätzen sind durcheinandergeraten. Bringe die Wörter in eine sinnvolle Reihenfolge. Schreibe die Sätze auf. Unterstreiche die Wörter mit **Qu/qu**.

Ferien

- Ute und Lorenz Schwarzwald Ferien im ihre verbringen.
- Sie Jugendherberge Quartier einer ihr haben in.
- Zum Quittengelee Quarkbrot Frühstück einem auf sie gerne essen.
- Lorenz ein Müsli Rosinen meistens aufgequollenen isst mit.
- Sie Jugendgruppe Wald wandern einer häufig mit quer durch den.
- Unterwegs sie Quelle sich an einer erfrischen.
- An Waldsee einem sie Frösche die beobachten und quaken hören sie laut.
- Abends Quartett sie gern spielen oder lösen sie Quizfragen interessante.

Das neue Stadion

Der Sportverein SV-Sittingen spielte Fußball in der 1. Klassenliga. Im Winter entstand ein großer Wasserschaden. Wassermassen strömten durch das Stadion. Die Spielstätte wurde völlig zerstört.

Der Stadtrat von Sittingen beschloss, für die Schulen in der Stadt und für die Sportvereine ein neues Stadion zu bauen. Die Schulen und Vereine brachten ihre Wünsche vor.

Alle brauchten ein großes Spielfeld. Die Grundschulen beantragten Sprunggruben und abgegrenzte Strecken auf der Laufbahn. Alle Vereine und Schulen benötigten Duschräume und Umkleidekabinen.

Gemeinschaftsräume sollten mit Stellwänden für das Schulungsmaterial versehen werden. Sportgeräte wurden von den Sportvereinen und Schulen einzeln beantragt.

Einige Unternehmer in der Stadt beteiligten sich als Sponsoren an dem Wiederaufbau des Stadions. Die Stadt, das Land und die Fußball- und Leichtathletikverbände teilten sich die übrigen Kosten. Nach zwei Jahren der Planung erfolgte der erste Spatenstich.

1. Lies den Text. Unterstreiche im Text die Wörter, die im Anlaut mit **St/st** oder **Sp/sp** geschrieben werden.

2. Ordne die unterstrichenen Wörter in die Tabelle ein. Du brauchst die Wörter nicht doppelt zu schreiben.

Wörter mit St/st im Anlaut:

____

____

____

Wörter mit Sp/sp im Anlaut:

____

____

Wörter mit St/st und Sp/sp

1. Immer drei Wörter gehören zu einer Wortfamilie. Trage die zusammengehörenden Wörter nebeneinander in die Tabelle ein.

Sport   Spiel   sporteln   sportlich   Start   starten   streitig

spielerisch   streiten   spielen   Streit   startklar

Nomen	Verben	Adjektive

2. Ergänze **St-** oder **st-**. Achte auf die Großschreibung der Nomen (Namenwörter).

die ___ raße   die ___ ange   ___ ricken   ___ ürmen   ___ ehen

der ___ rom   der ___ rauß   das ___ euer   ___ immen   ___ ärken

3. Ergänze **Sp-** oder **sp-**. Achte auf die Großschreibung der Nomen (Namenwörter).

der ___ aß   die ___ ange   der ___ iegel   ___ ucken   ___ rechen

die ___ ur   der ___ inat   ___ aren   ___ ielen   ___ itzen

4. Bilde zusammengesetzte Nomen (Namenwörter). Vergiss den Artikel (Begleiter) nicht.

Stadt → Plan, Führer, Rat, Zentrum

Sprung → Schanze, Feder, Gelenk, Brett

der Stadtplan ______________________

____

____

____

____

____

____

____

5. Z Sucht zu **Stadt** und **Sprung** noch weitere Wortzusammensetzungen.

Merke!

Ein **Adjektiv** (Wiewort) und ein **Nomen** (Namenwort) zusammengesetzt, ergeben ein **Nomen** (Namenwort).
Beispiel: steil + das Ufer = das Steilufer

Ein **Nomen** (Namenwort) und ein **Adjektiv** (Wiewort) zusammengesetzt, ergeben ein **Adjektiv** (Wiewort).
Beispiel: der Stahl + hart = stahlhart

1. Setze das Adjektiv (Wiewort) mit dem Nomen (Namenwort) zusammen. Vergiss den Artikel (Begleiter) nicht.

stumm + der Film = der Stummfilm

stark + der Strom = ____________

starr + der Sinn = ____________

spät + der Herbst = ____________

steil + der Hang = ____________

spitz + die Maus = ____________

2. Setze das Nomen (Namenwort) mit dem Adjektiv (Wiewort) zusammen.

der Spiegel + glatt = spiegelglatt

der Spott + billig = ____________

das Stroh + blond = ____________

die Stadt + bekannt = ____________

die Spindel + dürr = ____________

der Spruch + reif = ____________

3. Schreibe die fehlenden Adjektive (Wiewörter) in die Satzlücken. Du findest die Wörter in Aufgabe 2.

- Gestern waren die Straßen ____________ .
- Michel hat ____________ Haare.
- Der Marktschreier auf unserem Wochenmarkt ist ____________ .

4. Lass dir von einem Partner die fehlenden Wörter diktieren. Sie stehen im Text auf Seite 52. Kontrolliert gegenseitig eure Rechtschreibung und berichtigt eure Fehler.

Das neue Stadion

Im Winter ________ im ________ ein großer Wasserschaden. Die ________ wurde völlig ________ . Der ________ beschloss, für die Schulen der ________ und für die ________ ein neues ________ zu bauen. Die Schulen und Vereine brauchten ein großes ________ , ________ und abgegrenzte ________ auf der Laufbahn. ________ wurden von den ________ und Schulen einzeln beantragt. Einige Unternehmer in der ________ beteiligten sich als ________ am Wiederaufbau des ________ . Nach zwei Jahren der Planung erfolgte der erste ________ .

 Lösungen Seite 85

Im Freibad

Der Schwimmlehrer übt mit den Schülern der Klasse 5c den Sprung vom Dreimeterbrett. Luis traut sich nicht auf den Sprungturm hinauf. Die Mitschüler lachen ihn wegen seiner Feigheit aus. Der Schwimmlehrer tadelt die Jungen: „Eure Überheblichkeit könnt ihr euch sparen." Luis ruft ärgerlich: „Ich bin nicht feige." Mit Überwindung geht er auf das Sprungbrett und achtet auf die genaue Anweisung seines Lehrers. Dann springt Luis kopfüber ins Wasser. Die Mitschüler klatschen und freuen sich über seine Tapferkeit. Als er wieder auftaucht, ruft der Schwimmlehrer mit großer Herzlichkeit: „Ich gratuliere dir. Du hast deine Ängstlichkeit überwunden. Es war eine Dummheit, euren Mitschüler auszulachen", erklärt der Schwimmlehrer. Luis sagt: „Ihr habt mich wirklich in Bedrängnis gebracht." Die Jungen entschuldigen sich bei Luis und gratulieren ihm zu seiner Leistung.

1. Hast du auch schon einmal Angst gehabt? Wie hast du deine Angst überwunden? Erzähle.
2. Lies den Text. Unterstreiche die Nomen (Namenwörter) mit der Nachsilbe **-heit, -keit, -nis** und die Endung **-ung**.
3. Ordne die unterstrichenen Wörter. Vergiss den Artikel (Begleiter) nicht.

Wörter mit der Nachsilbe -heit: ____________________

Wörter mit der Nachsilbe -keit: ____________________

____

Wörter mit der Nachsilbe -nis: ____________________

____

Wörter mit der Endung -ung: ____________________

____

4. Schreibt bei Aufgabe 3 noch weitere Wörter dazu, die auf **-heit, -keit, -nis** oder **-ung** enden. Kontrolliert mit dem Wörterbuch.

 Lösungen Seite 85

Merke!

Mit den Nachsilben **-heit** und **-keit** kannst du aus Adjektiven (Wiewörtern) Nomen (Namenwörter) bilden.
Beispiel: böse – die Bosheit, schwierig – die Schwierigkeit

1. Bilde aus folgenden Adjektiven (Wiewörtern) durch Anhängen der Nachsilbe **-heit** oder **-keit** Nomen (Namenwörter) und ordne die Wörter in die Tabelle ein: **frei, heiser, frech, feige, tapfer, trocken, dumm, fröhlich, freundlich, einsam**.
Vergiss den Artikel (Begleiter) nicht. Kontrolliere mit dem Wörterbuch.

Nomen mit der Nachsilbe -heit	Nomen mit der Nachsilbe -keit
die Freiheit	die Heiserkeit

2. Bilde aus den unterstrichenen Adjektiven (Wiewörtern) durch Anhängen der Nachsilbe **-heit** und **-keit** Nomen (Namenwörter) und setze diese in die Satzlücken ein.

▶ Das Mädchen in dem Märchen „Die Sterntaler" war <u>freundlich</u> zu allen Menschen.
Aus Freundlichkeit verschenkte es sein letztes Hemdchen.

▶ Schneewittchen sorgte bei den Zwergen für eine <u>saubere</u> Wohnung.
Die Zwerge freuten sich über diese ______________ in ihrer Wohnung.

▶ Rotkäppchens Großmutter war sehr <u>krank</u>.
Sie musste wegen ihrer ______________ im Bett liegen.

▶ Die <u>böse</u> Hexe wollte Hänsel braten. Sie wurde für ihre ______________ bestraft.

▶ Das Schwesterchen war sehr <u>traurig</u>, als das Brüderchen in ein Reh verwandelt wurde.
Das Schwesterchen weinte vor ______________ .

▶ Dornröschen war sehr <u>schön</u>. Wegen seiner ______________ verliebte sich der Prinz in es und küsste es wach.

▶ Das Schneiderlein war äußerst <u>tapfer</u>, denn es hatte sieben Fliegen auf einen Streich erschlagen. Nun erfuhr die ganze Welt von seiner ______________ .

Merke!

Mit der Nachsilbe **-nis** kannst du aus Adjektiven (Wiewörtern) und Verben (Tunwörtern) Nomen (Namenwörter) bilden.
Beispiel: **wild – die Wildnis, ergeben – das Ergebnis**

1. Bilde aus den folgenden Adjektiven (Wiewörtern) durch Anhängen der Nachsilbe **-nis** Nomen (Namenwörter): **geheim, wild, finster, gefangen, faul**.
Setze die Wörter in die Satzlücken ein.

▶ Meine Mutter meint: „Dein Geschenk ist mein Geheimnis."

▶ Als das Licht ausging, herrschte tiefe ____________ .

▶ Die welken Blätter vermodern und riechen nach ____________ .

▶ Viele Tiere leben in der ____________ .

▶ Zwei Verbrecher sind aus dem ____________ entflohen.

2. Bilde mit der Nachsilbe **-nis** aus Verben (Tunwörtern) Nomen (Namenwörter) und setze sie in den Plural (Mehrzahl). Kontrolliere mit dem Wörterbuch. Notiere die Seitenzahl.

	Nomen im Singular	Nomen im Plural	Seite
ereignen	das Ereignis	die Ereignisse	
erleben			
erkennen			
erlauben			
hindern			
wagen			
versäumen			
vermachen			
zeugen			
ergeben			

 Lösungen Seite 85

Merke!

Wenn du die Endung **-ung** an Verben (Tunwörter) anhängst, kannst du Nomen (Namenwörter) bilden.
Beispiel: erinnern – die Erinnerung

1. Bilde aus den unterstrichenen Verben (Tunwörtern) durch Anhängen der Endung **-ung** an den Infinitiv (Grundform) Nomen (Namenwörter). Setze die Wörter in die Satzlücken ein.

- Familie Meyer wohnt sehr beengt. Sie sucht eine neue Wohnung.
- Der Lieferant rechnet die einzelnen Beträge zusammen. Markus überprüft die ____________________ noch einmal.
- Das Segelflugzeug landet auf der Wiese. Es war eine sanfte ____________________.
- Oma hofft auf einen warmen Frühling. Vielleicht erfüllt sich ihre ____________________.
- In den Ferien wandern die Pfadfinder durch den Schwarzwald. Die letzte ____________________ war sehr anstrengend.
- Das Wasser des Flusses strömt in die Nordsee. Die ____________________ ist reißend.

2. Markiere jedes Wortende durch einen senkrechten Strich.

Im Freibad

Derschwimmlehrerübtmitdenschülerndensprungvomdreimeterbrett.
Luistrautsichnichtaufdensprungturmhinauf.
Diemitschülerlachenihnwegenseinerfeigheitaus.
Derschwimmlehrertadeltdiejungen: „Eureüberheblichkeitkönntihreuchsparen."
Luisruftärgerlich: „Ichbinnichtfeige."
Ergehtnunaufdassprungbrettundachtetaufdiegenaueanweisungseineslehrers.
Dannspringtluiskopfüberinswasser.
Diemitschülerklatschenundfreuensichüberseinetapferkeit.
Alserwiederauftaucht,ruftderschwimmlehrermitgroßerherzlichkeit: „Ichgratulieredir.
Duhastdeineängstlichkeitüberwunden."
„Eswareinedummheit, eurenmitschülerauszulachen", erklärtderschwimmlehrer.
Luis sagt: „Ihrhabtmichwirklichinbedrängnisgebracht."
Diejungenentschuldigensichbeiluisundallegratulierenihmzuseinerleistung.

3. Schreibe den Text richtig ab. Achte auf die Großschreibung der Nomen (Namenwörter). Kontrolliere mit dem Text auf Seite 55.

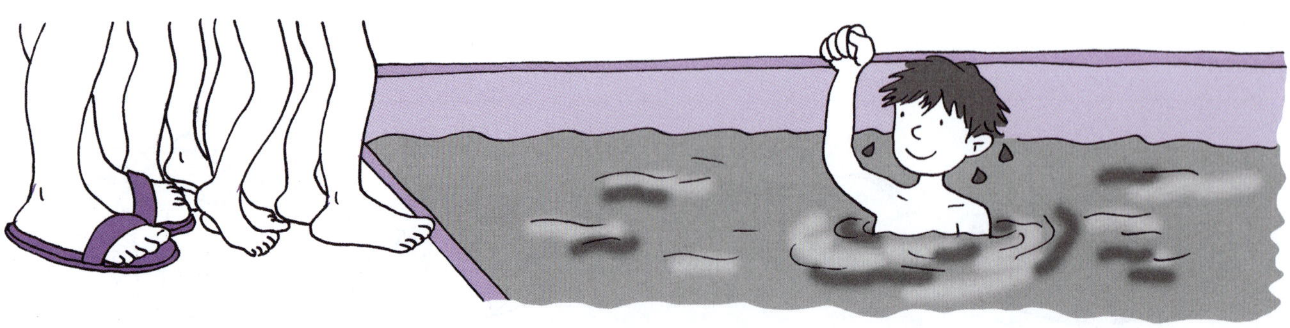

Hurra, die Schwalben sind da

Im Frühling kehren die Schwalben aus vielen südlichen Ländern zu uns zurück. Sie haben einen gefährlichen Flug hinter sich.
Die Bauern finden es wunderbar, wenn die Schwalben unter ihrem Dach brüten, denn sie gelten als Glücksbringer. Die Schwalben sind auch nützliche Tiere, weil sie viele schädliche Insekten fressen. An sonnigen Tagen können wir ihre fabelhaften Sturzflüge beobachten. Wenn die Jungen geschlüpft sind, hört man ihr jämmerliches und klägliches Geschrei.
Die Eltern schaffen täglich endlos Nahrung herbei. Die Jungen müssen das Fliegen mühsam lernen. Zuerst sind sie noch vorsichtig und nicht sehr mutig. Dann aber trainieren sie lebhaft und fleißig.
Wenn sie ausdauernd fliegen können, ziehen sie bei stürmischem und regnerischem Herbstwetter wieder in wärmere Länder. Dort verbringen sie einen erholsamen Winter.

1. Lies den Text aufmerksam. Was erzählt dir der Text über Schwalben?
2. Unterstreiche die Adjektive (Wiewörter) mit der Nachsilbe **-lich, -bar, -sam, -haft, -los** und der Endung **-ig, -isch**.
3. Schreibe die unterstrichenen Adjektive (Wiewörter) in ihrer Grundform auf.

südlich, ______________________________

____

____

4. Z Schreibe mit den folgenden Adjektiven (Wiewörtern) je einen Satz: **herrlich, gründlich, ängstlich**.

____

____

____

Merke!

Wörter mit der Nachsilbe **-lich, -bar, -sam, -haft, -los** und der Endung **-ig, -isch** sind Adjektive (Wiewörter).

 Lösungen Seite 85

Merke!

Aus Nomen (Namenwörtern) oder Verben (Tunwörtern) werden durch Anhängen der Nachsilbe **-lich** Adjektive (Wiewörter).
Beispiel: das Glück – glücklich, erben – erblich

1. Bilde aus den Nomen (Namenwörtern) und den Verben (Tunwörtern) durch Anhängen der Nachsilbe **-lich** Adjektive (Wiewörter). Kontrolliere mit dem Wörterbuch.

Nomen	Adjektive	Verben	Adjektive
das Herz	herzlich	jammern	jämmerlich
der Freund		fragen	
der Mund		nützen	
der Sport		nerven	
die Kunst		verletzen	
die Schrift		enden	

Merke!

Aus Nomen (Namenwörtern) oder Verben (Tunwörtern) werden durch Anhängen der Endung **-ig** Adjektive (Wiewörter).
Beispiel: die Macht – mächtig, spaßen – spaßig

2. Bilde aus den unterstrichenen Nomen (Namenwörtern) durch Anhängen der Endung **-ig** Adjektive (Wiewörter). Setze die fehlenden Adjektive (Wiewörter) mit der Endung **-ig** in die Sätze ein.

▶ Die Sonne lässt die Blütenknospen an den Bäumen aufspringen. Wenn das Wetter sonnig ____________ ist, springen die Knospen an den Bäumen auf.

▶ Vom Duft und den Farben der Blüten werden die Bienen angelockt. Die Blüten sind ____________ und ____________ .

▶ Die Bienen fliegen mit großem Fleiß von Blüte zu Blüte. Sie sammeln dort ____________ Nektar.

▶ Der Körper der Bienen ist dicht mit Haaren bedeckt. Der Körper ist so ____________ , dass der Blütenstaub daran haften bleibt.

▶ Die Biene streift den Staub von ihrem Körper in die Taschen an den Hinterbeinen. Ihr Körper ist dann nicht mehr so ____________ .

1. Bilde aus den Nomen (Namenwörtern) durch Anhängen der Endung **-ig** Adjektive (Wiewörter).

Nomen	Adjektive	Nomen	Adjektive
die Ruhe	ruhig	der Riese	
der Spaß		der Schlamm	
die Schuld		die Trauer	
das Salz		der Stein	
die Wolke		der Zorn	

2. Verlängere die Wörter mit der Endung **-ig** von Aufgabe 1.
Dann hörst du das **g**.
Beispiel: ruhig – eine ruhige Straße

3. Hier macht die Endung **-isch** aus den Nomen (Namenwörtern) und den Verben (Tunwörtern) ein Adjektiv (Wiewort).

Nomen	Adjektive mit der Endung -isch	Verben	Adjektive mit der Endung -isch
die Schule	schulisch	spielen	spielerisch
die Laune		regnen	
der Neid		murren	
die Mode		zanken	
der Magnet		stürmen	

Merke!

Aus Nomen (Namenwörtern) oder Verben (Tunwörtern) werden durch Anhängen der Endung -isch Adjektive (Wiewörter).
Beispiel: der Tanz – tänzerisch, rauben – räuberisch

Merke!

Auch mit den Nachsilben **-bar, -sam, -haft** und **-los** kannst du Adjektive (Wiewörter) bilden.
Beispiel: der Traum – traumlos, folgen – folgsam,
lesen – lesbar, wechseln – wechselhaft

1. Bilde aus den Nomen (Namenwörtern) und den Verben (Tunwörtern) durch Anhängen der Nachsilben **-los, -sam, -bar** oder **-haft** Adjektive (Wiewörter). Trage die Wörter in die Tabelle ein. Kontrolliere mit dem Wörterbuch.

folgen
schweigen
sparen erholen

Mühe
Eltern
Herz
Kinder

Fehler
Name lachen
glauben

halten
lesen
brennen
denken

Nachsilbe -sam
folgen – folgsam

Nachsilbe -bar

Nachsilbe -los

Nachsilbe -haft

2. Wähle aus jeder Gruppe zwei Wörter aus. Schreibe mit jedem dieser Wörter einen Satz.

1. Bilde aus den unterstrichenen Wörtern Adjektive (Wiewörter). Entscheide dich für eine der Nachsilben oder Endungen (-lich, -sam, -bar, -haft, -ig, -isch-, los).

- Im Sommer steigen die Temperaturen. Die Tage werden ____________________ warm.
- Die Sonne scheint vom blauen Himmel. Es ist ____________________ .
- Über den Himmel ziehen keine Wolken. Der Himmel ist ____________________ .
- Ohne große Mühe kreist der Habicht über den Feldern. Der Habicht kreist ____________________ über den Feldern.
- Nur mit Mühe erreichen die Wanderer den Berggipfel. Die Wanderer erreichen nur ____________________ den Berggipfel.
- An einer Quelle erholen sich die Wanderer. Die Rast an der Quelle ist ____________________ .

- Jedes Jahr ändert sich die Mode. Viele Menschen wollen sich ____________________ kleiden.
- Bei Sommergewittern kann heftiger Sturm und Regen aufkommen. Bei Sommergewittern kann es ____________________ und ____________________ sein.
- Ein Gewitter bringt häufig Gefahr. Gewitter können ____________________ sein.

2. Schreibe den Text richtig ab. Achte auf die Großschreibung der Nomen (Namenwörter). Kontrolliere mit dem Text auf Seite 59.

HURRA, DIE SCHWALBEN SIND DA

IM FRÜHLING KEHREN DIE SCHWALBEN AUS VIELEN SÜDLICHEN LÄNDERN ZU UNS ZURÜCK. SIE HABEN EINEN GEFÄHRLICHEN FLUG HINTER SICH.
DIE BAUERN FINDEN ES WUNDERBAR, WENN DIE SCHWALBEN UNTER IHREM DACH BRÜTEN, DENN SIE GELTEN ALS GLÜCKSBRINGER. DIE SCHWALBEN SIND AUCH NÜTZLICHE TIERE, WEIL SIE VIELE SCHÄDLICHE INSEKTEN FRESSEN. AN SONNIGEN TAGEN KÖNNEN WIR IHRE FABELHAFTEN STURZFLÜGE BEOBACHTEN. WENN DIE JUNGEN GESCHLÜPFT SIND, HÖRT MAN IHR JÄMMERLICHES UND KLÄGLICHES GESCHREI. DIE ELTERN SCHAFFEN TÄGLICH ENDLOS NAHRUNG HERBEI. DIE JUNGEN MÜSSEN DAS FLIEGEN MÜHSAM LERNEN. ZUERST SIND SIE NOCH VORSICHTIG UND NICHT SEHR MUTIG. DANN ABER TRAINIEREN SIE TÄGLICH UNERMÜDLICH.
WENN SIE AUSDAUERND FLIEGEN KÖNNEN, ZIEHEN SIE BEI STÜRMISCHEM UND REGNERISCHEM HERBSTWETTER WIEDER IN WÄRMERE LÄNDER. DORT VERBRINGEN SIE EINEN ERHOLSAMEN WINTER.

Das Samenkorn

Ein Samenkorn lag auf dem Rücken,
die Amsel wollte es zerpicken.
Aus Mitleid hat sie es verschont
und wurde dafür reich belohnt.
Das Korn, das auf der Erde lag,
das wuchs und wuchs von Tag zu Tag.
Jetzt ist es schon ein hoher Baum
und trägt ein Nest aus weichem Flaum.
Die Amsel hat das Nest gebaut.
Dort sitzt sie nun und zwitschert laut.

Joachim Ringelnatz

1. Sprecht über das Gedicht. Was erzählt der Dichter?
2. Zeichne im Text unter jedes Nomen (Namenwort) die Silbenbögen. Ordne die Nomen (Namenwörter) richtig zu. Schreibe sie in Silben getrennt. Vergleiche mit dem Wörterbuch.

Wörter mit zwei Silben:

Rü – cken, ______________________________

____

____

Wörter mit drei oder mehr Silben:

____

____

____

3. Ordne die folgenden Wörter in Silbenschreibung bei Aufgabe 2 richtig zu: **Decke, Woche, Vogelgezwitscher, Besucher, Asphalt, Forschungsergebnis, Fischer, Bücher, Fieberthermometer, Atmosphäre, Küche, Wecker, Menschen, Heckenrose**.

Merke! Du darfst Wörter, die aus zwei oder mehr **Silben** bestehen, trennen. Die meisten Wörter werden nach **Sprechsilben** getrennt. Mehrere Konsonanten (Mitlaute), die für einen Laut stehen, dürfen nicht getrennt werden (**ch, ck, sch, ph, rh, th**).
Beispiel: Spra-**ch**e, Zu-**ck**er, Ta-**sch**e, Pro-**ph**et, Myr-**rh**e, Ma-**th**e-ma-tik

Lösungen Seite 86

1. Bilde aus den folgenden Silben sieben Tiernamen. Streiche die Silben jeweils durch und trage die Tiernamen ein. Wie heißt das Lösungswort in den grauen Kästchen?

En – Gi – Go – Lö – Pin – Ti – Zeb – ger – gu – ra – raf – ril – te – we – fe – in – la

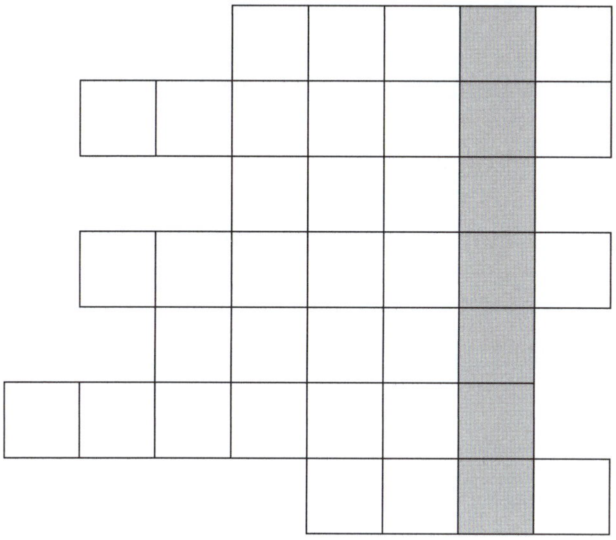

Gefährliches Raubtier

Affenart

Raubtier, dessen männliches Tier eine mächtige Mähne hat

Säugetier mit langem Hals

Säugetier mit schwarz–weiß gestreiftem Fell

Vogel, der auf dem Eis lebt und nicht fliegen kann

Tier, das auf dem Wasser schwimmt

Lösungswort: ______________________

2. Ordne die Tiernamen von Aufgabe 1 in die Tabelle ein.

Tiernamen mit zwei Silben	Tiernamen mit drei oder mehr Silben

Merke!

- Stehen mehrere Konsonanten (Mitlaute) zwischen zwei Vokalen (Selbstlauten), so kommt nur der letzte Konsonant (Mitlaut) auf die neue Zeile.
  Beispiel: Schwal-be, Kell-ner
- Steht ein einzelner Konsonant (Mitlaut) zwischen zwei Vokalen (Selbstlauten), so wird er auf die neue Zeile geschrieben. **Beispiel:** Kro-ko-dil, Vo-gel

 Lösungen Seite 86

1. Verbinde mit der passenden Silbe und bilde Wörter.

Wörter mit einem Konsonanten zwischen zwei Vokalen	
Ha	ge
Re	gel
Flie	nig
Ho	gen
Schu	le

Wörter mit mehreren Konsonanten zwischen zwei Vokalen	
Ham	ler
Bett	ter
Schuld	mer
Fens	nung
Hoff	ner

2. Schreibe die Wörter von Aufgabe 1 mit Artikel (Begleiter) auf.

____

____

____

Merke!

- Silben aus einzelnen Vokalen (Selbstlauten) (a, e, i, o, u) werden am Wortanfang und am Wortende nicht abgetrennt.
  Beispiel: Abend, Reue
- In der Mitte eines Wortes darf ein einzelner Vokal (Selbstlaut) abgetrennt werden.
  Beispiel: Ru-i-ne, Vi-o-li-ne

3. Zerlege die folgenden Wörter in Silben.
Kreise die Wörter ein, die du nicht trennen kannst.

Ananas Ana – nas

Abenteuer ____________

Ameise ____________

Abend ____________

Apotheke ____________

Elefant ____________

Radio ____________

Esel ____________

Igel ____________

Violine ____________

Ozean ____________

Olive ____________

Ofen ____________

Oma ____________

Theater ____________

Familie ____________

Lösungen Seite 86

Merke!

- ▶ Zwischen den Vokalen (Selbstlauten) **aa, ee, oo, ei, ai, ie, au, äu, eu** wird **nicht** getrennt.
  Beispiel: Sei-fe, Kai-ser, Tie-fe, Mau-er, Käu-fer, Steu-er, Staa-ten, Ree-der, moo-rig
- ▶ Die Doppellaute **ei, au, äu, eu** können als Silbe abgetrennt werden.
  Beispiel: Ei-mer, Au-to, Eu-ro-pa, Äu-ge-lein

1. Zerlege die folgenden Wörter in Silben.

Euter Eu – ter	Räuber ________
Eule ________	Waisenkind ________
Euro ________	Leiter ________
Automat ________	Maurer ________
Auge ________	Beule ________
August ________	Stiefel ________
Eisen ________	Boote ________
Eiche ________	Beere ________
Äußerung ________	Saaten ________

2. Bringe die Sätze in die richtige Reihenfolge. Nummeriere sie.

Das Samenkorn

- ☐ Eine Amsel fand auf der Erde ein Samenkorn.
- ☐ Dafür wurde sie schließlich reich belohnt.
- ☐ Doch sie hatte es verschont und ließ es liegen.
- ☐ Sie wollte es aufpicken.
- ☐ Morgens und abends saß sie dann hoch oben in der Baumkrone und zwitscherte ihr Lied in die Stille.
- ☐ Das Samenkorn, das auf der Erde lag, bekam nämlich Wurzeln und wuchs täglich ein Stückchen.
- ☐ Dann aber wurde aus dem Bäumchen ein hoher Baum.
- ☐ Zuerst wurde es ein kleines Bäumchen.
- ☐ Zwischen den Ästen und Blättern konnte die Amsel ihr Nest bauen und ihre Jungen großziehen.

3.  Schreibt die Sätze in der richtigen Reihenfolge ab und lasst die Rechtschreibung von einem Partner kontrollieren.

Der Sperling und die Schulhof-Kinder

Ein Sperling, der von ungefähr
zu einem Schulhof kam,
erstaunte über das, was er
auf diesem Hof vernahm.

Ein Mädchen sprach zu Meiers Franz:
„Du alter Esel du!"
Da sprach der Franz: „Du dumme Gans
bist eine blöde Kuh!"

Der Walter sprach zum dicken Klaus:
„Mach Platz, du fetter Ochs!"
Da rief der Klaus: „Du fade Laus,
pass auf, dass ich nicht box!"

Zum Peter sprach Beate nun:
„Du Affe, geh hier weg!"
Da rief der Peter: „Dummes Huhn,
ich weiche nicht vom Fleck!"

Der kleine Sperling staunte sehr,
Er sprach: „Es schien mir so,
als ob ich auf dem Schulhof wär,
doch bin ich wohl im Zoo!"

nach James Krüss

1. Lest das Gedicht mehrmals und sprecht über das Gedicht. Was denkt der Sperling über die Gespräche auf dem Schulhof?
2. Unterstreiche im Gedicht die wörtliche Rede rot und den Redebegleitsatz blau.
3. Trage die fehlenden Anführungszeichen in den folgenden Text ein.

Auf dem Schulhof kann es auch anders zugehen

Ein Sperling saß auf einem Schulhof. Was er da hörte, war erstaunlich.

- Ein Mädchen sprach zu Meiers Franz: _ Ich gratuliere dir zu deinem Erfolg beim Matheturnier. _
- Da sprach der Franz: _ Ich danke dir und wünsche dir Erfolg beim Lesewettbewerb. _
- Walter fragte Klaus: _ Möchtest du mit zum Fußballtraining kommen? _
- Da rief der Klaus: _ Ich komme gerne mit! Toll, dass ich mitspielen kann! _
- Peter forderte seine Mitschülerin Beate auf: _ Bitte mach mal Platz! _
- Da antwortete Beate: _ Entschuldige bitte, ich hatte dich nicht kommen sehen. _
- Voller Staunen hörte der Sperling: _ Danke! Bitte! Glückwunsch! Entschuldigung! _

Merke!

Die **wörtliche Rede** wird in Anführungszeichen eingeschlossen. Wenn der Redebegleitsatz **vor** der wörtlichen Rede steht, endet der Redebegleitsatz mit einem Doppelpunkt. Die wörtliche Rede beginnt mit einem Großbuchstaben.

Lösungen Seite 86/87

Merke!

Nach einem **Ausrufesatz** und einem **Aufforderungssatz** steht ein **Ausrufezeichen**.
Nach einem **Fragesatz** steht ein **Fragezeichen**.
Nach einem **Aussagesatz** steht ein **Punkt**.

Beispiel:

Ausrufesatz: **Laura ruft: „Hurra, morgen habe ich Geburtstag!“**
Aufforderungssatz: **Vater mahnt: „Schreib bitte noch die Einladungen für deine Gäste!“**
Fragesatz: **Laura fragt: „Wen soll ich denn einladen?“**
Aussagesatz: **Mutter sagt: „Ich backe dir morgen einen Kuchen.“**

1. Nummeriere die Redebegleitsätze und die zugehörige wörtliche Rede mit gleichen Zahlen.

☐ Lea klagt	☐ Für Montag planen wir heute eine Wanderung
☐ Jonas jubelt	☐ Ich nehme Proviant für alle mit
[1] Die Lehrerin verkündet	☐ Wie wäre es mit einer kurzen Wanderung zum See
☐ Tim verspricht	☐ Meine Wanderschuhe sind mir aber zu klein
☐ Eva fragt	☐ Hurra, keine Schule am Montag

2. Schreibe die Sätze richtig auf. Achte auf Satzschlusszeichen und Anführungszeichen.

Merke!

Wenn der Redebegleitsatz **hinter** der wörtlichen Rede steht, endet die wörtliche Rede immer mit einem Fragezeichen oder einem Ausrufezeichen. **Der Punkt beim Aussagesatz fällt dann weg.** Der nachgestellte Redebegleitsatz beginnt mit einem Kleinbuchstaben. Bei der wörtlichen Rede steht immer ein Komma hinter dem Anführungszeichen oben.

Beispiel:

Ausrufesatz: **„Hurra, morgen habe ich Geburtstag!“, ruft Laura.**
Aufforderungssatz: **„Schreibe bitte noch die Einladungen für deine Gäste!“, mahnt der Vater.**
Fragesatz: **„Wen soll ich denn einladen?“, fragt Laura.**
Aussagesatz: **„Ich backe dir morgen einen Kuchen“, sagt Mutter.**

3. Unterstreiche die wörtliche Rede im folgenden Text rot. Unterstreiche den Redebegleitsatz blau.

4. Trage die fehlenden Satzschlusszeichen und Anführungszeichen in den Text ein.

Im Klassenzimmer

- __Paula, schau nicht dauernd aus dem Fenster___ mahnte der Lehrer.
- __Entschuldigen Sie bitte___ erwiderte Paula.
- __Aber da sitzt ein grüner Halsbandpapagei im Baum___ antwortete Paula.
- __Schaut alle mal aus dem Fenster___ forderte der Lehrer die Kinder auf.
- __Grüne Halsbandpapageien gibt es seit einiger Zeit häufiger in Deutschland___ erklärte Emil.

5. **Z** Stelle bei den Sätzen von Aufgabe 4 den Redebegleitsatz vor die wörtliche Rede. Achte auf Satzschlusszeichen und Anführungszeichen.

Merke!

Der Redebegleitsatz kann **zwischen** der wörtlichen Rede stehen.
Dabei wird der Redebegleitsatz durch Kommas eingeschlossen.
Die wörtliche Rede wird von Anführungszeichen eingeschlossen.
Am Ende der wörtlichen Rede steht das passende Satzschlusszeichen.
Beispiel: Ausrufesatz: „Hurra“, **rief Achmet,** „nun beginnen die Ferien!“
Aufforderungssatz: „Lass uns“, **bat Laura,** „morgen Schlittschuh laufen!“
Fragesatz: „Möchtest du“, **fragte Markus seine Freundin,** „heute mit mir ins Kino gehen?“
Aussagesatz: „Der grüne Halsbandpapagei“, **erzählte Paula,** „saß oben im Baum.“

1. Unterstreiche in den folgenden Sätzen die wörtliche Rede rot und den Redebegleitsatz blau.
2. Trage die fehlenden Satzschlusszeichen und Anführungszeichen ein.

Wenn der Frühling kommt

- __ Ich habe heute __ erzählte Max __ den ersten Storch gesehen __
- __ Als ich im Wald war __ berichtete Emma __ hörte ich den Kuckuck schreien __
- __ Hurra, unter unserem Dach __ rief Achmet __ nisten wieder die Schwalben __
- __ Hilf mir bitte __ forderte der Vater Tom auf __ den Nistkasten zu säubern __
- __ Habt ihr in unserem Garten __ fragte Frieda __ die Schneeglöckchen gesehen __
- __ Habt ihr __ wollte Mutter wissen __ die dicken Knospen an den Bäumen bemerkt __
- __ Aua, aua __ jammerte Felix laut __ mich hat eine Wespe gestochen __

3. Stelle bei den Sätzen von Aufgabe 2 den Redebegleitsatz hinter die wörtliche Rede. Achte auf Satzschlusszeichen und Anführungszeichen.

4. Bei den Satzmustern steht der Redebegleitsatz zwischen der wörtlichen Rede. Denkt euch zu jedem Satzmuster einen Satz aus.

Ausrufe- und Aufforderungssatz

„_ _ _ _ _ _ _ _“, ______________, „_ _ _ _ _ _ _ _!“

Fragesatz

„_ _ _ _ _ _ _ _“, ______________, „_ _ _ _ _ _ _ _?“

Aussagesatz

„_ _ _ _ _ _ _ _“, ______________, „_ _ _ _ _ _ _ _.“

Lösungen Seite 87

1. In dem Text fehlen alle Rede- und Satzschlusszeichen. Unterstreicht zuerst die wörtliche Rede rot und den Redebegleitsatz blau. Ergänzt dann die fehlenden Satzschlusszeichen und Anführungszeichen.

Tischtennisturnier

Tims Mitschüler spielen Tischtennis auf dem Schulhof __

Tim fragt die Spieler __ __ Darf ich beim Tischtennis mitspielen __ __

Die Klassenkameraden sind einverstanden __

Mio möchte auch mitspielen __

__ Ich bin der beste Tischtennisspieler in unserer Schule __ __ __ prahlt er __

__ Gib nicht so an __ __ __ schimpfen die Jungen ärgerlich __

Lorenz möchte den Streit schlichten und verteidigt seinen Freund __

__ Mio ist wirklich ein sehr guter Tischtennisspieler __ __ __ erklärt er __

__ Lasst Mio doch einfach mal mitspielen __ __ schlägt Lorenz vor __ __ und bildet euch dann selbst ein Urteil __ __

Da entscheiden die Klassenkameraden, dass Mio sein Können beweisen soll __

Viele Schüler versammeln sich nun um die Tischtennisplatte __

__ Hurra, wir freuen uns auf ein spannendes Spiel __ __ __ jubeln alle laut __

2. Unterstreiche in den folgenden Sätzen die wörtliche Rede rot und den Redebegleitsatz blau.

3. Trage die fehlenden Satzschlusszeichen und Anführungszeichen ein.

Auf dem Schulhof

- Ein Sperling flog auf einen Schulhof und fragte sich: __ Was rufen sich denn die Schulkinder hier zu __ __
- __ Ich gratuliere dir zu deinem Erfolg beim Mathe-Turnier __ __ __ sprach ein Mädchen zum Franz __
- Da antwortete Franz: __ Ich danke dir und wünsche dir Erfolg beim Lesewettbewerb __ __
- __ Möchtest du mit zum Fußballtraining kommen __ __ __ fragte Walter den Klaus __
- __ Ich komme gerne mit __ __ __ rief der Klaus __ __ Toll, dass ich mitspielen kann __ __
- __ Bitte mach mal Platz __ __ __ rief jetzt Peter der Beate zu __
- __ Entschuldige bitte __ __ antwortete Beate __ __ ich hatte dich nicht kommen sehen __ __

4. Diktiert euch gegenseitig die Sätze von Aufgabe 3.
Diktiert auch die Satzschlusszeichen und die Anführungszeichen mit.
Kontrolliert gegenseitig eure Rechtschreibung und berichtigt eure Fehler.

Im Hochsommer

Im August herrscht oft eine unangenehme Schwüle. Laura und Markus spüren die heiße, feuchte und drückende Luft beim Federballspielen im Garten. „Die Fähigkeit zu schwitzen wird bei großer Wärme und hoher Luftfeuchtigkeit geringer“, erklärt Markus. Er ergänzt: „Die feuchte, warme und schwüle Luft kann keine weitere Feuchtigkeit mehr aufnehmen.“ „Ach so“, meint Laura. „Die Luft nimmt also meinen Schweiß nicht mehr auf und er kann deshalb nicht verdunsten. Dadurch kann sich keine Verdunstungskälte auf meiner Haut entwickeln und die Hitze staut sich in meinem Körper.“ Markus fügt hinzu: „Besonders in der Oberrheinebene, in manchen Tälern des Schwarzwaldes und in der Umgebung von Stuttgart herrscht so eine drückende, heiße und feuchte Witterung.“ Laura überlegt: „In den Sommerferien verbringt man dann wohl besser seine Urlaubszeit auf den Schwarzwaldhöhen oder man fährt ans Meer.“ „Aber viele Menschen können in dieser Zeit nicht verreisen“, gibt Markus zu bedenken. Er erläutert: „Sie sollten wegen der Schwüle helle, luftige und weite Kleidung tragen und sie sollten sich nicht zu sehr anstrengen. Sie sollten viel Wasser trinken und sich zur heißesten Zeit des Tages eine Ruhepause im Liegen gönnen. So ist dies in Italien, Spanien, Portugal und auch in Griechenland allgemein üblich.“ „Eine Ruhepause gefällt mir jetzt auch“, lacht Laura.

1. Lest den Text und sprecht darüber. Habt ihr schon einmal solche heißen, schwülen Tage erlebt? Wie habt ihr euch bei dem schwülen Wetter verhalten?
2. Kreise in dem Text oben die Konjunktionen (Bindewörter) **und** (10) oder **oder** (1) ein.
3. Schreibe die unterstrichenen Sätze aus dem Text auf. Notiere dann die Sätze ohne die Konjunktion (Bindewort), sodass jeweils zwei Hauptsätze entstehen.
   Beispiel: **Der Tag beginnt mit Schwüle und er endet mit einem Gewitter.**
   Der Tag beginnt mit Schwüle. Er endet mit einem Gewitter.
4. Verbinde die Sätze mit der Konjunktion (Bindewort) **und** oder **oder**.

▶ Es ist August. Die Kinder freuen sich über eine schöne Ferienzeit.

___

___

▶ Der Pirol ist auf der Reise in den Süden. Die Störche sammeln sich auf den Wiesen.

___

___

▶ Die Urlauber wandern in den Bergen. Sie schwimmen im Meer.

___

___

Merke!

Zwei Hauptsätze können durch die Konjunktionen (Bindewörter) **und** oder **oder** aneinandergereiht werden. Vor **und** und **oder** steht kein Komma.
Beispiel:
Die Menschen möchten der Schwüle entgehen. Sie reisen in eine Gegend mit frischem Klima.
Die Menschen möchten der Schwüle entgehen **und** sie reisen in eine Gegend mit frischem Klima.

1. Unterstreiche in den Sätzen das Subjekt (Satzgegenstand).
Verbinde die Sätze mit der Konjunktion (Bindewort) **und** oder **oder**.

▶ Die Lehrerin kommt in die Klasse. Sie begrüßt uns freundlich.

Die Lehrerin kommt in die Klasse und sie begrüßt uns freundlich.

▶ Zum Frühstück esse ich einen Apfel. Ich esse eine Birne.

___

___

▶ Zur Erntezeit kommen in jedem Jahr Erntehelfer. Sie unterstützen die Obstbauern bei der Ernte.

___

___

▶ Viele Leute kaufen das Obst auf dem Hof des Obstbauern. Sie kaufen es auf dem Wochenmarkt.

___

___

▶ Fatima spielt Akkordeon. Leon spielt dazu auf der Gitarre.

___

___

▶ Heute geht Eva zum Sportplatz. Sie trifft sich dort mit ihrer Freundin.

___

___

 Lösungen Seite 88

Merke!

Eine **Aufzählung** entsteht, wenn Satzglieder oder Hauptsätze aneinandergereiht werden. Zwischen den aneinandergereihten Satzgliedern oder Hauptsätzen steht ein Komma. Nur das letzte Satzglied oder der letzte Hauptsatz in der Aufzählung werden durch **und** oder **oder** angeschlossen.

Beispiel (Aufzählung von Satzgliedern):
Mauersegler, Kuckuck und Pirol sind schon im August auf der Reise nach Süden.

Beispiel (Aufzählung von Hauptsätzen):
Im Frühling können wir Erdbeeren ernten, im Sommer gibt es Kirschen, im Herbst ernten Winzer die Weintrauben und im Winter gibt es Feldsalat.

1. In diesen Sätzen fehlen bei den Aufzählungen der Satzglieder die Kommas. Schreibe die Sätze mit den notwendigen Kommas auf. Aufgepasst! Vor **und** und **oder** steht kein Komma.

▶ Amsel Drossel Fink und Star gehören zu den Singvögeln.

Amsel, Drossel, Fink und Star gehören zu den Singvögeln.

▶ Wir können auf Bildtafeln in Sachbüchern oder im Internet mehr über diese Vögel erfahren.

___

___

▶ Im Frühling singen pfeifen tirilieren zwitschern jubilieren oder schmettern die Singvögel besonders intensiv.

___

___

2. In den folgenden Sätzen wird die Konjunktion (Bindewort) **und** zu oft verwendet. Ändere den Text, indem du für das Wort **und** Kommas einsetzt und nur das letzte **und** stehen lässt.

Beispiel: Mutter und Vater und Onkel Karl und Tante Ute haben mir eine Jahreskarte für das Freibad geschenkt.
Mutter, Vater, Onkel Karl und Tante Ute haben mir eine Jahreskarte für das Freibad geschenkt.

▶ Heute packe ich meine Badehose und ein Handtuch und eine Decke und ein Buch in meine Badetasche.

▶ Meine Sonnenbrille und die Tube Sonnencreme und ein Butterbrot und einen Apfel und eine Flasche mit Sprudel und meine Jahreskarte vergesse ich nicht mitzunehmen.

▶ Dann fahren meine Schwester und mein Bruder und mein Freund und meine Freundin und ich mit unseren Fahrrädern ins Schwimmbad.

3. Z Schreibt selbst Sätze mit Aufzählungen von Satzgliedern zum Thema Sommerzeit.

1. In diesem Text findest du Aufzählungen von Hauptsätzen, bei denen das Bindewort **und** zu oft verwendet wird. Ändere den Text, indem du für das Wort **und** Kommas schreibst und nur das letzte **und** stehen lässt.

Beispiel: Eltern kaufen für sich und ihre Kinder Eintrittskarten und sie betreten das Zirkuszelt und sie begrüßen Freunde und sie suchen ihre Plätze.
Eltern kaufen für sich und ihre Kinder Eintrittskarten, sie betreten das Zirkuszelt, sie begrüßen Freunde und sie suchen ihre Plätze.

- Die Zuschauer nehmen auf den Bänken Platz und es wird still im Zirkuszelt und der Vorhang hebt sich und der Zirkusdirektor betritt die Manege und er begrüßt die Zuschauer.
- Artisten werfen sich Keulen zu und Jongleure lassen Bälle über ihren Körper rollen und Seiltänzerinnen zeigen Kunststücke auf hoch gespannten Seilen und die Trapezkünstler fliegen von einem Trapez zum anderen durch die Luft und die Bodenturner bauen eine Pyramide.
- Die Zuschauer sind begeistert und sie lachen laut und sie klatschen Beifall und sie werfen Blumensträuße in die Manege.

2. Z Schreibt selbst Sätze mit Aufzählungen von Hauptsätzen zum Thema Winterzeit.

3. Setze in den folgenden Text die fehlenden Kommas ein. Kontrolliere mit dem Text auf Seite 72.

IM HOCHSOMMER

- LAURA UND MARKUS SPÜREN DIE HEIßE FEUCHTE UND DRÜCKENDE LUFT BEIM FEDERBALLSPIELEN IM GARTEN.
- „DIE FÄHIGKEIT ZU SCHWITZEN WIRD BEI GROSSER HITZE WINDSTILLE UND HOHER LUFTFEUCHTIGKEIT GERINGER", ERKLÄRT MARKUS.
- ER ERGÄNZT LEBHAFT: „DIE FEUCHTE DRÜCKENDE UND SCHWÜLE LUFT KANN KEINE WEITERE FEUCHTIGKEIT MEHR AUFNEHMEN."
- „ACH SO", MEINT LAURA. „DIE LUFT NIMMT ALSO MEINEN SCHWEIß NICHT MEHR AUF ER KANN DESHALB NICHT VERDUNSTEN DADURCH KANN SICH KEINE VERDUNSTUNGSKÄLTE AUF MEINER HAUT ENTWICKELN UND DIE HITZE STAUT SICH IN MEINEM KÖRPER."
- MARKUS FÜGT HINZU: „BESONDERS IN DER OBERRHEINEBENE IN MANCHEN TÄLERN DES SCHWARZWALDES UND IN DER UMGEBUNG VON STUTTGART HERRSCHT SO EINE DRÜCKENDE FEUCHTE UND SCHWÜLE WITTERUNG."
- LAURA ÜBERLEGT: „IN DEN SOMMERFERIEN REIST MAN ALSO BESSER IN EINE GEGEND MIT FRISCHER TROCKENER UND SAUBERER LUFT."
- MARKUS MEINT: „LEUTE, DIE NICHT VERREISEN KÖNNEN, SOLLTEN WEGEN DER SCHWÜLE HELLE LUFTIGE UND WEITE KLEIDUNG TRAGEN UND SICH UM DIE MITTAGSZEIT NICHT ZU SEHR ANSTRENGEN. SO LEBEN DIE MENSCHEN IN ITALIEN PORTUGAL SPANIEN UND AUCH IN GRIECHENLAND."

4. Schreibe den Text richtig ab. Achte auf die Großschreibung der Nomen (Namenwörter). Kontrolliere mit dem Text auf Seite 72.

Briefe schreiben

Sehr geehrte Frau Weber,

in meiner neuen Schule am Wilhelm-Busch-Platz in unserer Stadt gefällt es mir sehr gut. Während des Schuljahrs haben wir immer wieder spannende Projekte durchgeführt.
Wie SIE vielleicht schon in unserer Tageszeitung gelesen haben, bereiten wir nun ein Sommerfest vor.
In IHREM Unterricht in der Grundschule haben SIE mit uns häufig kurze Geschichten und Rollenspiele eingeübt. Ich kann mir vorstellen, dass SIE auch an unserer Aufführung Freude haben werden. Deshalb lade ich SIE herzlich zu unserem Theaterspiel ein. Die Aufführung findet in der nächsten Woche am Dienstag statt. Sie beginnt um 15.00 Uhr in der Aula unserer Schule.
Am Eingang zu der Aula werde ich SIE und die anderen Gäste erwarten.

Ich freue mich auf ein Wiedersehen mit IHNEN.

IHRE ehemalige Schülerin Marie

1. Lest den Brief. Was fällt euch auf? Sprecht darüber.

In Briefen werden die Anredepronomen (Fürwörter) für wenig vertraute Personen immer großgeschrieben. Es sind Anredepronomen (Fürwörter) der Höflichkeitsform.

2. Schreibe den Brief ab und achte auf die Anredefürwörter der Höflichkeitsform. Unterstreiche sie.
3. Ergänze in diesem Brief die folgenden Anredefürwörter der Höflichkeitsform: **Sie, Sie, Sie, Sie, Sie, Ihr, Ihr, Ihrer, Ihnen, Ihnen**

Lieber Herr Kusuma,

wir möchten in der nächsten Woche am Samstag ein Sommerfest in unserem Sportverein feiern. Zu diesem Fest laden wir ____________ mit ____________ Familie herzlich ein. Wir hoffen, dass ____________ dieser Termin passt. Wir wollen uns mit ____________ und den anderen Gästen um 15.00 Uhr auf dem Sportplatz treffen, um dann mit dem Grillen zu beginnen.
Das Grillgut und das Brot besorgen wir. Es wäre aber schön, wenn ____________ uns noch einen Salat mitbringen könnten. Ich freue mich, wenn ____________ uns bald ____________ Kommen zusagen könnten. Da ____________ unser neuer Volleyballtrainer sind, können ____________ sich bei dem Fest mit allen Mitgliedern unseres Vereins bekannt machen.

Mit freundlichem Gruß

____________ Werner Tauber

Lösungen Seite 88

Merke! Die Anredepronomen (Fürwörter) der Höflichkeitsform sind: **Sie, Ihr, Ihre, Ihrer, Ihrem, Ihres, Ihnen**. Sie werden immer großgeschrieben.

1. Schreibe den Text ab und entscheide, ob du **„Sie“** oder **„sie“** schreiben musst. Wenn es sich um die **höfliche Anrede** handelt, musst du **„Sie“** großschreiben. Handelt es sich um das **Personalpronomen** (persönliches Fürwort) **„sie“** im Plural (Mehrzahl), wird **„sie“** kleingeschrieben.

Ein Missverständnis kann Ärger verursachen

Pablo bittet den Hausmeister der Schule:
„Herr Vogel, könnten SIE bitte mit mir mal zu den Fahrradständern gehen?
Jeden Tag lassen SIE mir die Luft aus den Fahrradreifen. Manchmal verstecken SIE sogar die Luftpumpe.“
„Nanu, das soll ich getan haben?“, fragt der Hausmeister erstaunt und ein wenig ärgerlich.
„Ach nein“, erklärt Pablo erschrocken, „SIE doch nicht, sondern die Schulkinder. Bitte helfen SIE mir, die Täter zu finden. Dann werden SIE mit den Gemeinheiten aufhören“.

2. Ergänze in diesem Brief die Anredefürwörter der Höflichkeitsform.

SEHR GEEHRTE FRAU WEBER,
IN MEINER NEUEN SCHULE AM WILHELM-BUSCH-PLATZ IN UNSERER STADT GEFÄLLT ES MIR SEHR GUT. WÄHREND DES SCHULJAHRS HABEN WIR IMMER WIEDER SPANNENDE PROJEKTE DURCHGEFÜHRT.
WIE __________ VIELLEICHT SCHON IN UNSERER TAGESZEITUNG GELESEN HABEN, BEREITEN WIR NUN EIN SOMMERFEST VOR.
IN __________ UNTERRICHT IN DER GRUNDSCHULE HABEN __________ MIT UNS HÄUFIG KURZE GESCHICHTEN UND ROLLENSPIELE EINGEÜBT. ICH KANN MIR VORSTELLEN, DASS __________ AUCH AN UNSERER AUFFÜHRUNG FREUDE HABEN WERDEN. DESHALB LADE ICH __________ HERZLICH ZU UNSEREM THEATERSPIEL EIN.
DIE AUFFÜHRUNG FINDET IN DER NÄCHSTEN WOCHE AM DIENSTAG STATT. SIE BEGINNT UM 15.00 UHR IN DER AULA UNSERER SCHULE.
AM EINGANG ZU DER AULA WERDE ICH __________ UND DIE ANDEREN GÄSTE ERWARTEN. ICH FREUE MICH AUF EIN WIEDERSEHEN MIT __________ .
__________ EHEMALIGE SCHÜLERIN MARIE

3. Schreibe den Text ab. Aufgepasst! Die Satzanfänge und die Nomen (Namenwörter) werden großgeschrieben.
Vergleiche deine Rechtschreibung mit dem Text auf Seite 76.

Arbeit mit dem Wörterbuch

Grundlage für die Arbeit mit dem Wörterbuch ist das Schulwörterbuch Deutsch für weiterführende Schulen „Schau nach, schreib richtig!“ (Bestell-Nr. 1400-81)

Seite 4 ▶ Nr. 2 ▶ Abend, Baum, Garten, Haus, Herbst, Kühle, Lampenschein, Nebel, Sommer, Wein

▶ Nr. 3 ▶ Beere, Berg, Beruf, Bett, Beutel, Biene, Blatt, Blitz, Bluse, Bohne, Boot, Bruder, Buch, Burg, Butter

Seite 5 ▶ Nr. 1 ▶ die Höhe – die Höhen, die Höhle – die Höhlen,
das Holz – die Hölzer, der Horizont – die Horizonte,
das Horn – die Hörner, die Hornisse – die Hornissen,
die Hortensie – die Hortensien, die Hose – die Hosen,
das Hotel – die Hotels, der Huf – die Hufe,
die Hüfte – die Hüften, der Hügel – die Hügel,
das Huhn – die Hühner, die Hülle – die Hüllen,
die Hummel – die Hummeln, der Hund – die Hunde

Seite 6 ▶ Nr. 1 ▶ Fertighaus – fertig, Fechtkampf – fechten,
Fehlpass – fehlen, Feldblume – Feld,
Feiertag – Feier, Höhepunkt – Höhe,
Haarfarbe – Haar, Handball – Hand,
Heidekraut – Heide, Heuernte – Heu,
Hufeisen – Huf, Hügelland – Hügel

▶ Nr. 3 ▶ Bettgestell: Bett, Gestell, Klavierhocker: Klavier, Hocker,
Arztpraxis: Arzt, Praxis, Lederschuh: Leder, Schuh,
Blattlaus: Blatt, Laus, Plätzchendose: Plätzchen, Dose,
Kunstwerk: Kunst, Werk, Fensterbrett: Fenster, Brett

Seite 7 ▶ Nr. 2 ▶ erhöhen – die Höhe, aushöhlen – hohl,
verhöhnen – der Hohn, abholzen – das Holz,
hopsen – hopp, hocken – die Hocke,
anhören – hören, horten – der Hort,
verhüllen – die Hülle, hungern – der Hunger,
hexen – die Hexe, herrschen – der Herr

Seite 8 ▶ Nr. 1 ▶ fahren – ich fahre – du fährst – er fährt – sie fährt – es fährt – wir fahren – ihr fahrt – sie fahren
lesen – ich lese – du liest – er liest – sie liest – es liest – wir lesen – ihr lest – sie lesen
werfen – ich werfe – du wirfst – er wirft – sie wirft – es wirft – wir werfen – ihr werft – sie werfen

▶ Nr. 3 ▶ essen – ich esse – du isst – er isst – sie isst – es isst – wir essen – ihr esst – sie essen
fallen – ich falle – du fällst – er fällt – sie fällt – es fällt – wir fallen – ihr fallt – sie fallen
brechen – ich breche – du brichst – er bricht – sie bricht – es bricht – wir brechen – ihr brecht – sie brechen
treten – ich trete – du trittst – er tritt – sie tritt – es tritt – wir treten – ihr tretet – sie treten
können – ich kann – du kannst – er kann – sie kann – es kann – wir können – ihr könnt – sie können
wachsen – ich wachse – du wächst – er wächst – sie wächst – es wächst – wir wachsen – ihr wachst – sie wachsen

Seite 9 ▶ Nr. 1 ▶ geben – er gibt – er gab, graben – sie gräbt – sie grub,
helfen – er hilft – er half, laufen – es läuft – es lief,
nehmen – sie nimmt – sie nahm, raten – er rät – er riet,
schlafen – er schläft – er schlief, schlagen – sie schlägt – sie schlug

Seite 10 ▶ Nr. 2 ▶ wählbar: Wahl, Wähler; kleidsam: Kleid, kleiden
geizig: Geiz, Geizhals; freudig: Freude, Freudenschrei
bummelig: bummeln, Bummel; dreckig: Dreck, Dreckspatz

Seite 11 ▶ Nr. 1 ▶ scharf: schärfer, am schärfsten; dick: dicker, am dicksten
hoch: höher, am höchsten; gut: besser, am besten
klein: kleiner, am kleinsten; klug: klüger, am klügsten

Wortfamilien

Seite 12 ▶ Nr. 2 ▶ Haus, Behausung, Häuser

▶ Nr. 4 ▶ Wortfamilie Haus: die Häuser, die Hausnummer, hausnah, die Häuserzelle, der Hausschuh, haushalten, häuslich, der Hausbau, er haust, haushoch, hausen, die Behausung, der Hausmeister

▶ Nr. 5 ▶ Wortfamilie wohnen: der Wohnort, die Wohnung, das Wohnzimmer, bewohnen, wohnen, das Wohnmobil, er wohnt, der Wohnwagen, der Wohnsitz, wohnhaft, die Dachwohnung, der Einwohner, die Wohngemeinschaft

Seite 13 ▶ Nr. 1 ▶ Wortfamilie Salz
Nomen: der Salzsteuer, die Salzgurke; Verben: salzen, versalzen;
Adjektive: salzig, salzhaltig, salzlos

Wortfamilie fahren
Nomen: der Fahrer, das Fahrrad; Verben: anfahren, wegfahren;
Adjektive: fahrbereit, fahrlässig, befahrbar

Wortfamilie schlafen
Nomen: das Schlafzimmer, der Schlafwagen; Verben: einschlafen, ausschlafen;
Adjektive: schlaflos, schlaftrunken, schläfrig

▶ Nr. 2 ▶ hausten, Behausungen, hausen, häuslich, Spinne, Kellerassel, Holzwurm, Fledermaus, Haus, Häuser

Kurz gesprochener Vokal: Doppelkonsonant

Seite 14 ▶ Nr. 3 ▶ sum-men, brum-men, schar-ren, star-ren, klap-pern, plap-pern, schnat-tern, flat-tern, gur-ren, schnur-ren, schwim-men, glim-men

Seite 15 ▶ Nr. 1 ▶ Räder surren, Türen knarren, Affen klettern, Schmetterlinge flattern, Hunde schnuppern
Löwen brüllen, Hasen hoppeln, Motoren knattern, Hummeln summen, Hunde bellen

▶ Nr. 2 ▶ Die Räder surren. Die Räder haben gesurrt.
Die Türen knarren. Die Türen haben geknarrt.
Die Affen klettern. Die Affen sind geklettert.
Die Schmetterlinge flattern. Die Schmetterlinge sind geflattert.
Die Hunde schnuppern. Die Hunde haben geschnuppert.
Die Löwen brüllen. Die Löwen haben gebrüllt.
Die Hasen hoppeln. Die Hasen sind gehoppelt.
Die Hummeln summen. Die Hummeln haben gesummt.
Die Hunde bellen. Die Hunde haben gebellt.

Seite 16 ▶ Nr. 2 ▶ Klet – ten, Ret – ter, wet – ten; Rip – pen, Wip – pe, tip – pen;
Kam – mer, Ham – mel, Jam – mer; Pup – pe, Kup – pel, Schup – pen;
Schat – ten, Wat – te, Mat – te; Kum – mer, Hum – mel, sum – men;
Klap – pe, Lap – pen, Pap – pel; Git – ter, Kit – tel, Bit – te;
Mes – ser, Kes – sel, mes – sen; Schüs – sel, Rüs – sel, müs – sen;
Was – ser, Mas – se, Kas – sen; Kral – le, knal – len, fal – len;

Seite 17 ▶ Nr. 1 ▶ Kammer, Klammer, Jammer; Watte, Ratte, Matte; Klappe, Pappe, Mappe;
Kessel, Fessel, Sessel; Klasse, Kasse, Masse; Rippe, Klippe, Lippe;
Truppe, Puppe, Suppe

▶ Nr. 2 ▶ Wanne, Tanne, Pfanne; Grille, Brille, Stille; Wonne, Tonne, Sonne;
Finne, Spinne, Rinne; Lappen, Wappen, Schlappen; Futter, Butter, Mutter;
Retter, Wetter, Vetter; Kummer, Nummer, Summer; Affe, Giraffe, Waffe;
Gitarre, Zigarre, Knarre; Hummel, Bummel, Rummel; Scholle, Wolle, Rolle

Seite 18 ▶ Nr. 2 und 3 ▶ rollen – die Rolle – die Rolltreppe; sperren – die Sperre – das Sperrgitter;
spinnen – die Spinne – die Spinnwebe; klemmen – die Klemme – die Klemmleiste;
sonnen – die Sonne – der Sonntag; wippen – die Wippe – der Wippschalter;
steppen – die Steppe – die Steppnaht; stellen – die Stelle – die Stellwand;
klappen – die Klappe – der Klappstuhl; brennen – der Brenner – der Brennofen;
schwimmen – der Schwimmer – das Schwimmbecken;
treffen – der Treffer – der Treffpunkt

Seite 19 ▶ Nr. 2 ▶ waagerecht: Ball, Blatt, Stoff
senkrecht: Kniff, Fass, Kamm, Fluss, Schiff, Stall, Stamm, Lamm, Bett

▶ Nr. 4 ▶ das Bett – die Betten, das Lamm – die Lämmer, der Fluss – die Flüsse,
der Kamm – die Kämme, der Stamm – die Stämme, der Stall – die Ställe,
der Ball – die Bälle, der Kniff – die Kniffe, der Stoff – die Stoffe,
das Fass – die Fässer, das Blatt – die Blätter, das Schiff – die Schiffe

Seite 20 ▶ Nr. 1 ▶ die Griffe, die Schwämme, die Dämme, die Bretter, die Nüsse, die Schritte,
die Pfiffe, die Ställe, die Schnitte, die Fässer; schlammig, schallen, knallen,
fallen, spotten, fettig, kämmen, tippen, stämmig, küssen

Kurz gesprochener Vokal: tz

Seite 21 ▶ Nr. 3 ▶ Nomen: Aufsatz, Platzkarten, Sitze, Watzmann, Spitzen
Verben: putzen
Adjektive: spitz, schmutzig

▶ Nr. 4 ▶ Platz: Platzierung, Plätzchen, Platzangst, platzieren, Platzverweis
putzen: Putz, Putzfrau, putzmunter, putzsüchtig
Schmutz: Schmutzfink, schmutzig, Schmutzwasser, verschmutzen
Sitz: sitzen, sitzenbleiben, Sitzecke, Sitzplatz, Sitzung, viersitzig
spitz: Spitze, anspitzen, spitzfindig, Spitzenreiter

Seite 22 ▶ Nr. 2 ▶ sitzen – sie sitzt, putzen – sie putzt, heizen – sie heizt, pflanzen – sie pflanzt,
salzen – sie salzt, blitzen – es blitzt, glänzen – sie glänzt, setzen – sie setzt

Kurz gesprochener Vokal: ck

Seite 23 ▶ Nr. 4 ▶ wecken – sie weckt, blicken – er blickt, backen – es backt,
pflücken – sie pflückt, zucken – es zuckt, stricken – er strickt,
strecken – sie streckt, hacken – er hackt, hocken – sie hockt,
lecken – sie leckt, schicken – er schickt, knacken – es knackt

▶ Nr. 5 ▶ der Bä – cker, der Tre – cker, die Glo – cke, die Schne – cke, der Rü – cken, die Fa – ckel, der Da – ckel, die De – cke, der Na – cken, die Brü – cke, der Zu – cker, die Lo – cke, der De – ckel, die Lü – cke, der So – ckel, die Krü – cke

Seite 24 ▶ Nr. 2 ▶ 1 – 3 – 8 – 5 – 10 – 7 – 2 – 6 – 9 – 4

Wörter mit ie

Seite 25 ▶ Nr. 3 ▶ Fieber – Brief – wieder – verabschieden – Spiel – tief

▶ Nr. 4 ▶ die Biene – die Schiene, das Tier – der Stier, die Ziege – die Wiege, der Spiegel – der Riegel, die Lieder – der Flieder, der Giebel – die Zwiebel, das Sieb – der Dieb, die Wiese – der Riese

Seite 26 ▶ Nr. 1 ▶ die Miete: der Mietvertrag, mietfrei, der Mieter, das Mietshaus, vermieten, mieten, der Mietpreis
das Spiel: spielen, der Spieler, spielstark, vorspielen, das Spielfeld, das Fußballspiel, spielerisch
das Ziel: die Zielscheibe, zielsicher, zielen, zielgerichtet, das Zielband, ziellos, zielstrebig

▶ Nr. 3 ▶ der Sieg – siegen – siegreich; das Ziel – zielen – ziellos;
der Flieger – fliegen – fliegerisch; das Spiel – spielen – spielerisch

Seite 27 ▶ Nr. 2 ▶ der Platz – platzieren, das Kostüm – kostümieren, der Marsch – marschieren, der Fotograf – fotografieren, der Alarm – alarmieren, der Transport – transportieren, die Nummer – nummerieren, die Balance – balancieren, die Probe – probieren, die Maske – maskieren, die Sorte – sortieren, der Lack – lackieren, das Telefon – telefonieren, der Buchstabe – buchstabieren, die Kasse – kassieren

▶ Nr. 3 ▶ Besuch am Krankenbett
Laura war krank. Sie hatte Fieber. Ihre Augen glänzten fiebrig. Ihre Stimme klang tief. Als es ihr wieder besser ging, kam ihre Freundin Aise zu Besuch und brachte Briefe mit. Alle Mitschüler schrieben ihr und wünschten sehr herzlich gute Besserung. Aise brachte ein neues Würfelspiel mit. Beide lasen zuerst die Spielanleitung durch. Dann vertieften sie sich in das Spiel. Schließlich musste Aise sich verabschieden.

Wörter mit lang gesprochenem i

Seite 28 ▶ Nr. 4 ▶ die Cousine, die Burgruine, die Gardine, die Ruine, die Zeitmaschine, die Kabine, die Maschine, die Praline, die Violine

▶ Nr. 6 ▶ Cousine, Mandarine, Kantine, Rosine, Sardine

Seite 29 ▶ Nr. 1 ▶ Pilot, Pirat, Tiger, Fabrik, Lineal, Medizin, Krokodil, Kaninchen
Lösungswort: Apfelsine

Lang gesprochener Vokal ohne Dehnungszeichen

Seite 30 ▶ Nr. 2 ▶ Wörter mit lang gesprochenem a: Vater, Rad, Hafen, Gras, Schaf, Kakao
Wörter mit lang gesprochenem e: Weg, Nebel
Wörter mit lang gesprochenem o: Vogel, Ton, Hof, Brot
Wörter mit lang gesprochenem u: Bruder, Ufer, Blume, Tuten

Seite 31 ▶ Nr. 1 ▶ Gabel – Glaser – Blumen – Vase – Tag – Dose – Vater – Rasen – Maler – Schwan – Vogel – Besen – Wal

▶ Nr. 2 ▶ Maler, malen, malerisch; Mut, ermutigen, mutig; Kugel, kugeln, kugelrund;

Not, benötigen, nötig; Schlaf, schlafen, schlaflos; Ton, ertönen, tonlos; Kleber, kleben, klebrig; Regen, regnen, regnerisch; Gras, grasen, grasgrün

Seite 32 ▶ Nr. 1 ▶ Glut – die Glut, Hut – der Hut, Mut – der Mut, Wut – die Wut, Blut – das Blut, Strudel – der Strudel, Pudel – der Pudel, Sprudel – der Sprudel, Nudel – die Nudel, Rudel – das Rudel

▶ Nr. 2 ▶ die Lupe – die Hupe, der Zug – der Krug, das Blut – der Hut, die Blüte – die Tüte, die Tube – die Grube, die Pute – die Rute, die Stufe – die Kufe, der Jubel – der Trubel

▶ Nr. 3 ▶ Rat – Rad, fluss – Fluss, unt – und, erkenen – erkennen, Fogel – Vogel, Stiele – Stille, Erkennen – erkennen, ales – alles, Schiefen – Schiffen, wier – wir, komen – kommen, fähre – Fähre, wolen – wollen, lekeres – leckeres

Lang gesprochener Vokal: Doppelvokal

Seite 33 ▶ Nr. 4 ▶ Wörter mit aa: Kursaal, Paar
Wörter mit ee: Kaffeetisch, Nordsee, Idee, Beeren, Heidelbeerpfannkuchen, Titisee
Wörter mit oo: Bootsführerschein, Moor, Moore, Segelboot

▶ Nr. 5 ▶ Seehafen, Teetasse, Schneeflocke, Haarfarbe, Paarlauf, Saarland, Moorbad, Zootier, Moospolster

Seite 34 ▶ Nr. 2 ▶ Fee, Tee, leer, Beere, Beet, Kleeblatt, Schnee, Teer, Meer, Speer, Allee, Idee, Kaffee, See

▶ Nr. 4 ▶ das Gemüsebeet, der Kräutertee, das Quittengelee, die Märchenfee, die Ideensammlung, das Kleeblatt, das Meerwasser, der Teebeutel, der Seestern, die Schneelawine, die Kaffeebohne, der Beerensaft

Seite 35 ▶ Nr. 2 ▶ das Moos, die Moosbeere, moosig; das Moor, moorig, das Moorwasser; das Paar, paarweise, das Ehepaar; das Haar, haarig, der Haarschnitt; der Aal, aalglatt, der Räucheraal; die Waage, waagerecht, die Briefwaage

▶ Nr. 3 ▶ das Boot – die Boote – die Bötchen, das Haar – die Haare – die Härchen, das Paar – die Paare – die Pärchen

▶ Nr.5 ▶ Jan möchte an die Nordsee fahren. Er schwärmt für einen Bootsführerschein. Vater hat eine andere Idee. Wir könnten im Schwarzwald wandern und uns durch ein Moor führen lassen. Unterwegs werden wir Beeren sammeln. Im Kursaal gibt es Vorträge über die Entstehung der Moore. Jeder braucht ein Paar feste Schuhe. Eva möchte im See schwimmen.

Lang gesprochener Vokal: Dehnungs-h

Seite 36 ▶ Nr. 3 ▶ Wortfamilie fahren: die Fahrbahn, das Fahrrad, die Radfahrprüfung, fahren
Wortfamilie Verkehr: die Verkehrsunfälle, verkehrssicher, der Straßenverkehr, die Verkehrsregeln, der Verkehrsunterricht

▶ Nr. 5 ▶ Stuhl, Lehne, Kahn, Sohn, Mohn, Uhr, Hühner, Hähne, Mühle, Mehl, gemahlen

Seite 37 ▶ Nr. 1 ▶ waagerecht: Huhn, Stuhl, Zahl, Uhr, Bahn, Lehrer, Rahmen, Mehl
senkrecht: Fehler, Zahn, Rahm, Sohn, Jahr, Lehm, Lähmung, Fahrer, Kehle, Lohn, Ruhm, Rohr

▶ Nr. 3 ▶ Gefühl – fühlen – gefühlvoll, Höhle – aushöhlen – hohl, Zahl – zählen – zahllos, Kühle – kühlen – kühl

Seite 38 ▶ Nr. 1 ▶ fahren – er fährt – er fuhr, strahlen – sie strahlt – sie strahlte, fehlen – er fehlt – er fehlte, wählen – sie wählt – sie wählte, zählen – er zählt – er zählte, kühlen – sie kühlt – sie kühlte

Gleich und ähnlich klingende Konsonanten: B b/P p

Seite 39 ▶ Nr. 3 ▶ Stimmhaftes B/b
im Anlaut: Bett, Bücher, berühmter, beschrieben, besorgt, blasen, bester, Bassgitarre, Bahn, Blasinstrumenten, beteiligen
im Inlaut: abends, Tuba, Schulaufgaben, übt, Musikwettbewerb, Herbst

Stimmloses P/p
im Anlaut: Paul, Paket, Posaune, Piano, pünktlich, Probe
im Inlaut: Trompete, verpassen

▶ Nr. 4 ▶ der Baum, das Paket, die Rübe, die Rampe, die Palme, die Tapete, die Reibe, die Banane, die Pizza, das Fieber

Seite 40 ▶ Nr. 1 ▶ Raupe – Räupchen, Schraube – Schräubchen, Lampe – Lämpchen, Schwalbe – Schwälbchen, Taube – Täubchen, Tulpe – Tülpchen, Scheibe – Scheibchen, Rübe – Rübchen, Klumpen – Klümpchen

▶ Nr. 2 ▶ Raub – rauben – räuberisch, Farbe – färben – farblos, Klumpen – klumpen – klumpig, Sauberkeit – säubern – sauber, Lob – loben – lobenswert

Gleich und ähnlich klingende Konsonanten: B b/P p

Seite 41 ▶ Nr. 1 ▶ das Sieb – die Siebe, das Horoskop – die Horoskope, der Korb – die Körbe, der Stab – die Stäbe, der Urlaub – die Urlaube, das Mikroskop – die Mikroskope

▶ Nr. 2 ▶ der Raub – rauben, das Lob – loben, der Staub – stauben, das Kalb – kalben, der Trab – traben, das Grab – graben

▶ Nr. 3 ▶ der Schraubstock, die Pumpstation, das Staubtuch, der Piepton, der Raubfisch, das Hupkonzert

Seite 42 ▶ Nr. 1 ▶ lebt – leben, färbt – färben, hupt – hupen, reibt – reiben, staubt – stauben, klebt – kleben, zirpt – zirpen, glaubt – glauben, lobt – loben, pumpt – pumpen, gibt – geben, schwebt – schweben, gräbt – graben, piept – piepen

▶ Nr. 2 ▶ strampelt, wirbt, zirpt, klebt, klumpt, schreibt, stülpt, pumpt, schraubt, lobt

Seite 43 ▶ Nr. 1 ▶ der Club, die Erbse, der Herbst, hübsch, der Krebs, das Obst, das Haupt, hopsen, die Kapsel, der Klempner, der Mops, der Papst, plumpsen, der Raps, das Rezept, der September, der Stöpsel, das Top

▶ Nr. 2 ▶ September, Herbst, Klempner, Obst, Erbsen, Raps, Krebse

Gleich und ähnlich klingende Konsonanten: D d/T t

Seite 44 ▶ Nr. 3 ▶ Stimmhaftes D/d im Anlaut: Deich, Drachen, Dach, Düne, Drachenschnur

Stimmhaftes D/d im Auslaut: Strand, Sand, Bad, Wind, Kind, wild, Freund, Abend, Hand, Mond

Stimmloses T/t im Anlaut: Tage, täglich, Tümpel, Teiche, Turm, Taschen

Stimmloses T/t im Auslaut: Unterkunft, Paddelboot, bunt, Gesicht, laut, weit, Angst, gut, kalt

Seite 45 ▶ Nr. 1 ▶ das Schild – die Schilder, der Bart – die Bärte, das Pferd – die Pferde, das Rad – die Räder, die Fahrt – die Fahrten, das Kind – die Kinder, der Mond – die Monde, das Licht – die Lichter, die Hand – die Hände, die Nacht – die Nächte

▶ Nr. 3 ▶ bunt – bunter – am buntesten, laut – lauter – am lautesten, mild – milder – am mildesten, kalt – kälter – am kältesten, hart – härter – am härtesten, wild – wilder – am wildesten

Seite 46 ▶ Nr. 1 ▶ die Härte – hart, die Weite – weit, die Runde – rund, die Kraft – kräftig, die Freunde – freundlich, der Wind – windig, der Blinde – blind, der Mut – mutig, der Neid – neidisch, die Kälte – kalt

▸ Nr. 2 ▸ der Strand – stranden, der Rat – raten, der Streit – streiten, der Start – starten, das Bad – baden, das Zelt – zelten

▸ Nr. 3 ▸ Freund, Mond, Tage, Hand, Drachen, kräftigem, Wind, Drachen, Strand, Sand, Drachen, wild, gut, Drachen, Abend, kalt, Drachenschnur

▸ Nr. 4 ▸ 2, 5, 4, 6, 7, 3, 1

Gleich und ähnlich klingende Konsonanten: G g/K k

Seite 47 ▸ Nr. 4 ▸ der Tag – die Tage, der Park – parken, der Weg – die Wege, rutschig – rutschiger, lustig – lustiger, Schneeberg – Schneeberge, Fußgelenk – Fußgelenke, Prellung – Prellungen, stark – stärker, Technik – Techniken, lang – länger, Wohnung – Wohnungen, Bank – Bänke, Getränk – Getränke, krank – kränker, jung – jünger

▸ Nr. 5 ▸ die Bank – die Bänke, der Klang – die Klänge, der Gesang – die Gesänge, das Geschenk – die Geschenke, der Fink – die Finken, der Zug – die Züge, das Getränk – die Getränke, das Gelenk – die Gelenke, der Krug – die Krüge, die Burg – die Burgen, das Volk – die Völker, das Ding – die Dinge

Seite 48 ▸ Nr. 1 ▸ krank – kränker – am kränksten, schräg – schräger – am schrägsten, jung – jünger – am jüngsten, stark – stärker – am stärksten, schlank – schlanker – am schlanksten

▸ Nr. 3 ▸ der Fang – fangen, der Sieg – siegen, der Dank – danken, der Wink – winken, der Sprung – springen, der Klang – klingen, das Geschenk – schenken, der Gesang – singen, der Spuk – spuken, der Park – parken

Seite 49 ▸ Nr. 1 ▸ dringt, winkt, gelingt, singen, welkt, trinkt, sinkt, hängen, düngt, schwingt

Wörter mit Qu/qu

Seite 50 ▸ Nr. 3 ▸ Quartier, Quittengelee, Quarkbrot, gequollenen, Quittung, quer, Quelle, quaken, Quartett, Quizfragen

▸ Nr. 4 ▸ der Quirl – quirlen, die Quelle – quellen, die Qual – quälen, der Quatsch – quatschen, die Überquerung – überqueren, die Quengelei – quengeln, der Qualm – qualmen, die Quittung – quittieren

Seite 51 ▸ Nr. 1 ▸ waagerecht: der Quatsch, der Quark, das Quartier

senkrecht: das Quadrat, die Qualle, der Qualm, quaken, die Quittung, die Quitte, die Quelle, das Quiz

▸ Nr. 2 ▸ quietschen, quaken, quasseln, quellen, quetschen, qualmen, quatschen, quälen, quittieren, quieken

▸ Nr. 4 ▸ Ute und Lorenz verbringen ihre Ferien im Schwarzwald. Sie haben ihr Quartier in einer Jugendherberge. Zum Frühstück essen sie gerne Quittengelee auf einem Quarkbrot. Lorenz isst meistens ein Müsli mit aufgequollenen Rosinen. Sie wandern mit einer Jugendgruppe häufig quer durch den Wald. Unterwegs erfrischen sie sich an einer Quelle. An einem Waldsee beobachten sie die Frösche und hören sie laut quaken. Abends spielen sie gern Quartett oder sie lösen interessante Quizfragen.

Wörter mit St/st und Sp/sp

Seite 52 ▸ Nr. 2 ▸ Wörter mit St/st im Anlaut: strömten, Stadion, Stadtrat, Stadt, Stadion, Strecken, Stellwände

Wörter mit Sp/sp im Anlaut: Sportverein, spielte, Spielstätte, Spielfeld, Sprunggruben, Sportgeräte, Spatenstich

Seite 53 ▶ Nr. 1 ▶ Sport – sporteln – sportlich, Spiel – spielen – spielerisch, Start – starten – startklar, Streit – streiten – streitig

▶ Nr. 2 ▶ Straße, Stange, stricken, stürmen, stehen, Strom, Strauß, Steuer, stimmen, stärken

▶ Nr. 3 ▶ Spaß, Spange, Spiegel, spucken, sprechen, Spur, Spinat, sparen, spielen, spitzen

▶ Nr. 4 ▶ der Stadtplan, der Stadtführer, der Stadtrat, das Stadtzentrum, die Sprungschanze, die Sprungfeder, das Sprunggelenk, das Sprungbrett

Seite 54 ▶ Nr. 1 ▶ der Stummfilm, der Starkstrom, der Starrsinn, der Spätherbst, der Steilhang, die Spitzmaus

▶ Nr. 2 ▶ spiegelglatt, spottbillig, strohblond, stadtbekannt, spindeldürr, spruchreif

▶ Nr. 3 ▶ spiegelglatt, strohblonde, stadtbekannt

Nachsilben oder Endungen als Kennzeichen von Nomen

Seite 55 ▶ Nr. 3 ▶ -heit: die Feigheit, die Dummheit

-keit: die Überheblichkeit, die Tapferkeit, die Herzlichkeit, die Ängstlichkeit

-nis: die Bedrängnis

-ung: die Überwindung, die Anweisung, die Leistung

Seite 56 ▶ Nr. 1 ▶ -heit: die Freiheit, die Frechheit, die Feigheit, die Trockenheit, die Dummheit

-keit: die Heiserkeit, die Tapferkeit, die Fröhlichkeit, die Freundlichkeit, die Einsamkeit

▶ Nr. 2 ▶ Freundlichkeit, Sauberkeit, Krankheit, Bosheit, Traurigkeit, Schönheit, Tapferkeit

Seite 57 ▶ Nr. 1 ▶ Geheimnis, Finsternis, Fäulnis, Wildnis, Gefängnis

▶ Nr. 2 ▶ ereignen – das Ereignis – die Ereignisse, erleben – das Erlebnis – die Erlebnisse, erkennen – die Erkenntnis – die Erkenntnisse, erlauben – die Erlaubnis – die Erlaubnisse, hindern – das Hindernis – die Hindernisse, wagen – das Wagnis – die Wagnisse, versäumen – das Versäumnis – die Versäumnisse, vermachen – das Vermächtnis – die Vermächtnisse, zeugen – das Zeugnis – die Zeugnisse, ergeben – das Ergebnis – die Ergebnisse

Seite 58 ▶ Nr. 1 ▶ Wohnung, Rechnung, Landung, Hoffnung, Wanderung, Strömung

Nachsilben oder Endungen als Kennzeichen von Adjektiven

Seite 59 ▶ Nr. 3 ▶ südlich, gefährlich, wunderbar, nützlich, schädlich, sonnig, fabelhaft, jämmerlich, kläglich, täglich, endlos, mühsam, vorsichtig, mutig, lebhaft, fleißig, stürmisch, regnerisch, erholsam

Seite 60 ▶ Nr. 1 ▶ das Herz – herzlich, der Freund – freundlich, der Mund – mündlich, der Sport – sportlich, die Kunst – künstlich, die Schrift – schriftlich, jammern – jämmerlich, fragen – fraglich, nützen – nützlich, nerven – nervlich, verletzen – verletzlich, enden – endlich

▶ Nr. 2 ▶ sonnig, duftig, farbig, fleißig, haarig, staubig

Seite 61 ▶ Nr. 1 ▶ die Ruhe – ruhig, der Spaß – spaßig, die Schuld – schuldig, das Salz – salzig, die Wolke – wolkig, der Riese – riesig, der Schlamm – schlammig, die Trauer – traurig, der Stein – steinig, der Zorn – zornig

▶ Nr. 3 ▶ die Schule – schulisch, die Laune – launisch, der Neid – neidisch, die Mode – modisch, der Magnet – magnetisch, spielen – spielerisch, regnen – regnerisch, murren – mürrisch, zanken – zänkisch, stürmen – stürmisch

Seite 62 ▶ Nr. 1 ▶ folgen – folgsam, schweigen – schweigsam, sparen – sparsam, erholen – erholsam; halten – haltbar, brennen – brennbar, lesen – lesbar, denken – denkbar; die Mühe – mühelos, das Herz – herzlos, die Eltern – elternlos, die Kinder – kinderlos; der Fehler – fehlerhaft, der Name – namhaft, lachen – lachhaft, glauben – glaubhaft

Seite 63 ▶ Nr. 1 ▶ sommerlich, sonnig, wolkig, wolkenlos, mühelos, mühsam, erholsam, modisch, stürmisch, regnerisch, gefährlich

Silbentrennung

Seite 64 ▶ Nr. 2 ▶ und 3 Wörter mit zwei Silben: Rü-cken, Am-sel, Mit-leid, Er-de, De-cke, Wo-che, As-phalt, Fi-scher, Bü-cher, Kü-che, We-cker, Men-schen

Wörter mit drei oder mehr Silben: Sa-men-korn, Vo-gel-ge-zwit-scher, Be-su-cher, For-schungs-er-geb-nis, Fie-ber-ther-mo-me-ter, At-mo-sphä-re, He-cken-ro-se

Seite 65 ▶ Nr. 1 ▶ waagerecht: Tiger, Gorilla, Löwe, Giraffe, Zebra, Pinguin, Ente

Lösungswort: Elefant

▶ Nr. 2 ▶ Tiernamen mit zwei Silben: Tiger, Löwe, Zebra, Ente

Tiernamen mit drei oder mehr Silben: Gorilla, Giraffe, Pinguin

Seite 66 ▶ Nr. 2 ▶ der Hagel, der Regen, die Fliege, der Honig, die Schule, der Hammer, der Bettler, der Schuldner, das Fenster, die Hoffnung

▶ Nr. 3 ▶ Ana-nas, Aben-teu-er, Amei-se, Abend, Apo-the-ke, Ele-fant, Ra-dio, Esel, Igel, Vi-o-li-ne, Oze-an, Oli-ve, Ofen, Oma, The-a-ter, Fa-mi-lie

Seite 67 ▶ Nr. 1 ▶ Eu-ter, Eu-le, Eu-ro, Au-to-mat, Au-ge, Au-gust, Ei-sen, Ei-che, Äu-ße-rung, Räu-ber, Wai-sen-kind, Lei-ter, Mau-rer, Beu-le, Stie-fel, Boo-te, Bee-re, Saa-ten

▶ Nr. 2 ▶ 1, 4, 3, 2, 6, 8, 7, 9, 5

Zeichensetzung bei der wörtlichen Rede

Seite 68 ▶ Nr. 3 ▶ Ein Mädchen sprach zu Meiers Franz: „Ich gratuliere dir zu deinem Erfolg beim Matheturnier."

Da sprach der Franz: „Ich danke dir und wünsche dir Erfolg beim Lesewettbewerb."

Walter fragte Klaus: „Möchtest du mit zum Fußballtraining kommen?"

Da rief der Klaus: „Ich komme gerne mit! Toll, dass ich mitspielen kann!"

Peter forderte seine Mitschülerin Beate auf: „Bitte mach mal Platz!"

Da antwortete Beate: „Entschuldige bitte, ich hatte dich nicht kommen sehen."

Voller Staunen hörte der Sperling: „Danke! Bitte! Glückwunsch! Entschuldigung!"

Seite 69 ▶ Nr. 1 ▶ und 2 Die Lehrerin verkündet: „Für Montag planen wir heute eine Wanderung."

Lea klagt: „Meine Wanderschuhe sind mir aber zu klein!"

Jonas jubelt: „Hurra, keine Schule am Montag!"

Tim verspricht: „Ich nehme Proviant für alle mit."

Eva fragt: „Wie wäre es mit einer kurzen Wanderung zum See?"

▶ Nr. 4 ▶ „Paula, schau nicht dauernd aus dem Fenster!", mahnte der Lehrer. „Entschuldigen Sie bitte", erwiderte Paula. „Aber da sitzt ein grüner

Halsbandpapagei im Baum“, antwortete Paula. „Schaut mal alle aus dem Fenster!“, forderte der Lehrer die Kinder auf. „Grüne Halsbandpapageien gibt es seit einiger Zeit häufiger in Deutschland“, erklärte Emil.

Seite 70 ▶ Nr. 2 ▶ „Ich habe heute“, erzählte Max, „den ersten Storch gesehen.“

„Als ich im Wald war“, berichtete Emma, „hörte ich den Kuckuck schreien.“

„Hurra, unter unserem Dach“, rief Achmet, „nisten wieder die Schwalben!“

„Hilf mir bitte“, forderte der Vater Tom auf, „den Nistkasten zu säubern!“

„Habt ihr in unserem Garten“, fragte Frieda, „die Schneeglöckchen gesehen?“

„Habt ihr“, wollte Mutter wissen, „die dicken Knospen an den Bäumen bemerkt?“

„Aua, aua“, jammerte Felix laut, „mich hat eine Wespe gestochen!“

Seite 71 ▶ Nr. 1 ▶ Tims Mitschüler spielen Tischtennis auf dem Schulhof. Tim fragt die Spieler: „Darf ich beim Tischtennis mitspielen?“ Die Klassenkameraden sind einverstanden. Mio möchte auch mitspielen. „Ich bin der beste Tischtennisspieler in unserer Schule!“, prahlt er. „Gib nicht so an!“, schimpfen die Jungen ärgerlich. Lorenz möchte den Streit schlichten und verteidigt seinen Freund. „Mio ist wirklich ein sehr guter Tischtennisspieler“, erklärt er. „Lasst Mio doch einfach mal mitspielen“, schlägt Lorenz vor, „und bildet euch dann selbst ein Urteil!“ Da entscheiden die Klassenkameraden, dass Mio sein Können beweisen soll. Viele Schüler versammeln sich nun um die Tischtennisplatte. „Hurra, wir freuen uns auf ein spannendes Spiel!“, jubeln alle laut.

▶ Nr. 3 ▶ Ein Sperling flog auf einen Schulhof und fragte sich: „Was rufen sich denn die Schulkinder hier zu?“ „Ich gratuliere dir zu deinem Erfolg beim Mathe-Turnier“, sprach ein Mädchen zum Franz. Da antwortete Franz: „Ich danke dir und wünsche dir Erfolg beim Lesewettbewerb.“ „Möchtest du mit zum Fußballtraining kommen?“, fragte Walter den Klaus. „Ich komme gerne mit!“, rief der Klaus, „Toll, dass ich mitspielen kann.“ „Bitte mach mal Platz!“, rief jetzt Peter der Beate zu. „Entschuldige bitte“, antwortete Beate, „ich hatte dich nicht kommen sehen.“

Zeichensetzung bei Aufzählungen

Seite 72 ▶ Nr. 3 ▶ Die Luft nimmt also meinen Schweiß nicht mehr auf. Er kann deshalb nicht verdunsten.

Dadurch kann sich keine Verdunstungskälte auf meiner Haut entwickeln.
Die Hitze staut sich in meinem Körper.

In den Sommerferien verbringt man dann wohl besser seine Urlaubszeit auf den Schwarzwaldhöhen. Man fährt ans Meer.

Sie sollten wegen der Schwüle helle, luftige und weite Kleidung tragen.
Sie sollten sich nicht zu sehr anstrengen.

Sie sollten viel Wasser trinken. Sie sollten sich zur heißesten Zeit des Tages eine Ruhepause im Liegen gönnen.

▶ Nr. 4 ▶ Es ist August und die Kinder freuen sich über eine schöne Ferienzeit.

Der Pirol ist auf der Reise in den Süden und die Störche sammeln sich auf den Wiesen.

Die Urlauber wandern in den Bergen oder sie schwimmen im Meer.

Seite 73 ▶ Nr. 1 ▶ Zum Frühstück esse ich einen Apfel oder ich esse eine Birne.

Zur Erntezeit kommen in jedem Jahr Erntehelfer und sie unterstützen die Obstbauern bei der Ernte.

Viele Leute kaufen das Obst auf dem Hof des Obstbauern oder sie kaufen es auf dem Wochenmarkt.

Fatima spielt Akkordeon und Leon spielt dazu auf der Gitarre.

Heute geht Eva zum Sportplatz und sie trifft sich dort mit ihrer Freundin.

Seite 74 ▶ Nr. 1 ▶ Wir können auf Bildtafeln, in Sachbüchern oder im Internet mehr über diese Vögel erfahren. Im Frühling singen, pfeifen, tirilieren, jubilieren oder schmettern die Singvögel besonders intensiv.

▶ Nr. 2 ▶ Heute packe ich meine Badehose, ein Handtuch, eine Decke und ein Buch in meine Badetasche. Meine Sonnenbrille, die Tube Sonnencreme, ein Butterbrot, einen Apfel, eine Flasche mit Sprudel und meine Jahreskarte vergesse ich nicht mitzunehmen. Dann fahren meine Schwester, mein Bruder, mein Freund, meine Freundin und ich mit unseren Fahrrädern ins Schwimmbad.

Seite 75 ▶ Nr. 1 ▶ Die Zuschauer nehmen auf den Bänken Platz, es wird still im Zirkuszelt, der Vorhang hebt sich, der Zirkusdirektor betritt die Manege und er begrüßt die Zuschauer.
Artisten werfen sich Keulen zu, Jongleure lassen Bälle über ihren Körper rollen, Seiltänzerinnen zeigen Kunststücke auf hoch gespannten Seilen, die Trapezkünstler fliegen von einem Trapez zum anderen durch die Luft und die Bodenturner bauen eine Pyramide.
Die Zuschauer sind begeistert, sie lachen laut, sie klatschen Beifall und sie werfen Blumensträuße in die Menge.

Höflichkeitsanrede

Seite 76 ▶ Nr. 3 ▶ Sie, Ihrer, Ihnen, Ihnen, Sie, Sie, Ihr, Sie, Sie, Ihr

Seite 77 ▶ Nr. 1 ▶ Sie, sie, sie, Sie, Sie, sie

▶ Nr. 2 ▶ Sie, Ihrem, Sie, Sie, Sie, Sie, Ihnen, Ihre